고려대 재미있는 한국어

듣기 Listening

고려대학교 한국어센터 편

KU PRESS

고려대학교출판문화원

고려대학교 한국어센터는 1986년 설립된 이래 한국어와 한국 문화를 재미있게 배우고 효과적으로 가르치는 방법을 연구해 왔습니다. 《고려대 한국어》와 《고려대 재미있는 한국어》는 한국어센터에서 내놓는 세 번째 교재로 그동안 쌓아 온 연구 및 교수 학습의 성과를 바탕으로 하고 있습니다.

이 책의 가장 큰 특징은 한국어를 처음 접하는 학습자도 쉽게 배워서 바로 사용할 수 있도록 구성했다는 점입니다. 한국어 환경에서 자주 쓰이는 항목을 최우선하여 선정하고 이 항목을 학습자가 교실 밖에서 사용할 수 있도록 연습 기회를 충분히 그리고 다양하게 제공하고 있습니다.

이 책을 내기까지 많은 분들의 도움을 받았습니다. 먼저 지금까지 고려대학교 한국어센터에서 한국어를 공부한 학습자들께 감사드립니다. 쉽고 재미있는 한국어 교수 학습에 대한 학습자들의 다양한 요구가 없었다면 이 책은 나오지 못했을 것입니다. 그리고 한국어 학습자들의 요구에 부응하기 위해 열정적으로 교육과 연구에 헌신하고 계신 고려대학교 한국어센터의 선생님들께도 감사드립니다.

무엇보다 한국어 학습자와 한국어 교원의 요구 그리고 한국어 교수 학습 환경을 종합적으로 고려한 최상의 한국어 교재를 위해 밤낮으로 고민하고 집필에 매진하신 저자분들께 깊은 감사를 드립니다. 이 밖에도 이 책이 보나 멋진 모습을 갖출 수 있도록 도와주신 고려대학교 출판문화원의 김상용 원장님과 직원 여러분께도 감사드립니다. 그리고 집필진과 출판문화원의 요구를 수용하여 이 교새에 맵시를 입히고 멋을 더해 주신 랭기지플러스의 편집 및 디자인 전문가, 삽화가의 노고에도 깊은 경의를 표합니다.

부디 이 책이 쉽고 재미있게 한국어를 배우고자 하는 한국어 학습자와 효과적으로 한국어를 가르치고자 하는 한국어 교원 모두에게 도움이 되기를 바랍니다. 또한 앞으로 한국어 교육의 내용과 방향을 선도하는 역할도 아울러 할 수 있게 되기를 희망합니다.

2021년 11월

국제어학원장 김정숙

이 책의 특징

《고려대 한국어》와 《고려대 재미있는 한국어》는 '형태를 고려한 과제 중심 접근 방법'에 따라 개발된 교재입니다. 《고려대 한국어》는 언어 항목, 언어 기능, 문화 등이 통합된 교재이고, 《고려대 재미있는 한국어》는 말하기, 듣기, 읽기, 쓰기로 분리된 기능 교재입니다.

《고려대 한국어》 4A와 4B가 100시간 분량, 《고려대 재미있는 한국어》 말하기, 듣기, 읽기, 쓰기가 100시간 분량의 교육 내용을 담고 있습니다. 200시간의 정규 교육 과정에서는 여섯 권의 책을 모두 사용하고, 100시간 정도의 단기 교육 과정이나 해외 대학 등의 한국어 강의에서는 강의의 목적이나 학습자의 요구에 맞는 교재를 선택하여 사용할 수 있습니다.

<고려대 재미있는 한국어>의 특징

▶ **한국어 사용 환경에 놓이지 않은 학습자도 쉽게 배울 수 있습니다.**
  - 성취 수준을 한국어 표준 교육 과정에 맞췄습니다. 한국어를 정확하고 유창하게 사용하는 것이 목표입니다.
  - 주제 및 의사소통 기능과 관련된 다양하고 풍부한 입력을 제공하여 충실하게 의사소통 활동을 할 수 있습니다.
  - 학습자가 필요로 하는 표현을 제시하고 연습하는 단계를 마련하여 학습한 내용의 이해에 그치지 않고 바로 사용할 수 있습니다.

▶ **학습자의 동기를 이끄는 즐겁고 재미있는 교재입니다.**
  - 한국어 학습자가 가장 많이 접하고 흥미로워하는 주제와 의사소통 기능을 다룹니다.
  - 한국어 학습자의 특성과 요구를 반영하여 실제적인 자료를 제시하고 유의미한 과제 활동을 마련했습니다.
  - 한국인의 언어생활, 언어 사용 환경의 변화를 발 빠르게 반영했습니다.
  - 친근하고 생동감 있는 삽화와 입체적이고 감각적인 디자인으로 학습의 재미를 더합니다.

▶ 말하기 15단원, 듣기 13단원, 읽기 13단원, 쓰기 13단원으로 구성하였으며 한 단원은 내용에 따라 1~4시간이 소요됩니다.

▶ 각 기능별 단원 구성은 아래와 같습니다.

말하기

도입	배워요 1~2	말해요 1~3	자기 평가
학습 목표 생각해 봐요	주제, 기능 수행에 필요한 어휘와 문법 제시 및 연습	• 유의적 연습 • 의사소통 말하기 과제	

듣기

도입	들어요 1	들어요 2~3	자기 평가	더 들어요
학습 목표 생각해 봐요	어휘나 표현에 집중한 부분 듣기	주제, 기능과 관련된 다양한 듣기		표현, 기능 등이 확장된 듣기

읽기

도입	읽어요 1	읽어요 2~3	자기 평가	더 읽어요
학습 목표 생각해 봐요	어휘나 표현에 집중한 부분 읽기	주제, 기능과 관련된 다양한 읽기		표현, 기능 등이 확장된 읽기

쓰기

도입	써요 1	써요 2	자기 평가
학습 목표	어휘나 표현에 집중한 문장 단위 쓰기	주제, 기능에 맞는 담화 차원의 쓰기	

▶ 교재의 앞부분에는 '이 책의 특징'을 배치했고, 교재의 뒷부분에는 '정답'과 '듣기 지문'을 부록으로 넣었습니다.

▶ 모든 듣기는 MP3 파일 형태로 내려받아 들을 수 있습니다.

<고려대 재미있는 한국어 4>의 목표

소식과 정보, 엔터테인먼트, 취업, 사건·사고, 사회 변화 등 친숙한 사회적, 추상적 주제를 이해하고 표현할 수 있습니다. 제품의 문제 설명하기, 소식 전달하기, 조사 결과 설명하기 등 사회적 의사소통 기능을 정교하게 수행할 수 있습니다.

이 책의 특징

단원 제목
- 단원의 제목입니다.

학습 목표
- 단원의 의사소통 목표입니다.

생각해 봐요
- 대화가 이루어지는 장면을 보면서 단원의 주제 또는 기능을 생각해 봅니다.

들어 봐요
- 주제와 기능을 수행하는 다양한 유형의 듣기입니다.

들어요 2, 3
- 단원의 주제와 기능이 구현된 담화 단위의 의사소통적 듣기 과제 활동입니다.
- 들어요 2와 3은 대화 상황, 참여자, 격식 등에 차이를 두 었습니다.

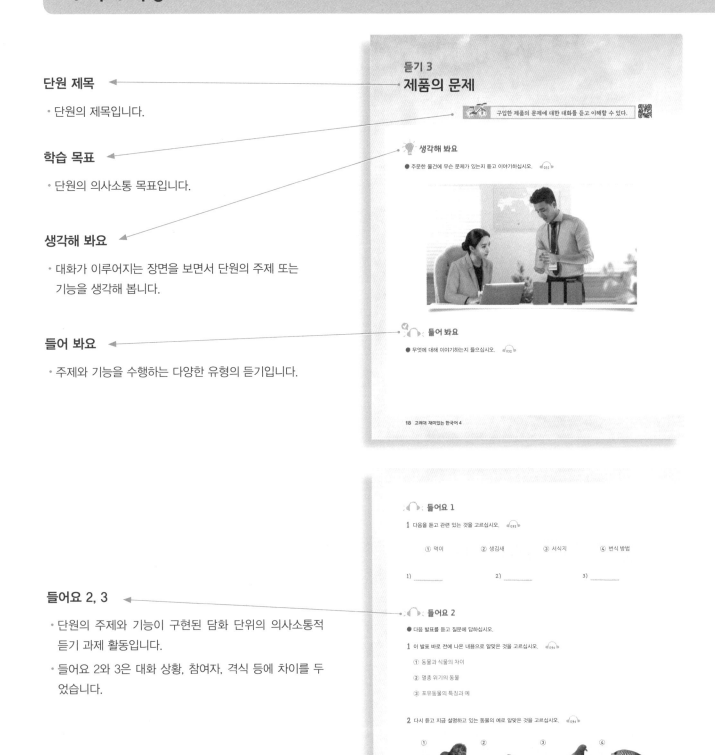

들어요 1

• 단원의 주제를 표현하거나 기능을 수행하는 데 필요한 어휘 및 문법 표현에 초점을 둔 듣기 연습 활동입니다.

• 대화 또는 일방향의 짧은 듣기입니다.

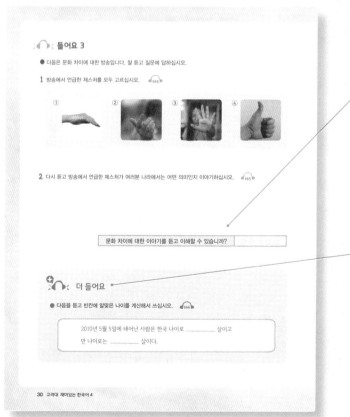

자기 평가

• 학습 목표의 달성 여부를 학습자가 스스로 점검합니다.

더 들어요

• 확장된 듣기 과제 활동입니다.

• 주제와 기능이 달라지거나 실제성이 강조된 듣기입니다.

• 단원의 성취 수준을 다소 상회하는 수준의 듣기로 단원의 목표에는 포함되지 않습니다. 학습자 수준에 따라 선택적으로 활동을 합니다.

듣기

차례

부록

듣기 1

진로

 진로에 대한 대화를 듣고 이해할 수 있다.

 생각해 봐요

● 이 사람들이 무엇에 대해 이야기하는지 듣고 이야기하십시오. 011

 들어 봐요

● 무엇에 대해 이야기하는지 들으십시오. 012

들어요 1

1 다음을 듣고 관련 있는 것을 고르십시오.

① 리더십   ② 전달력   ③ 공감 능력

④ 예술 감각   ⑤ 신체적인 조건   ⑥ 상황 판단력

1) _____   2) _____   3) _____   4) _____

들어요 2

● 다음은 진로에 대해 이야기하는 대화입니다. 잘 듣고 질문에 답하십시오.

1 두 사람의 관계로 맞는 것을 고르십시오.

① 같은 과 선후배

② 고등학교 선후배

③ 코치와 선수

2 다시 듣고 내용과 <u>다른</u> 것을 고르십시오.

① 남자는 자신의 전공을 마음에 들어 한다.

② 여자는 부상 때문에 운동을 그만두었다.

③ 여자는 체육 선생님이 되려고 준비 중이다.

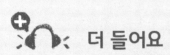 들어요 3

● 다음은 진로 교육에 대한 방송입니다. 잘 듣고 질문에 답하십시오.

1 방송의 주제로 알맞은 것을 고르십시오.

① 진로 교육의 내용

② 진로 교육의 문제점

③ 진로 교육의 효과

2 다시 듣고 내용과 같으면 ◯, 다르면 ✕에 표시하십시오.

1) 진로 교육을 하기 위해서는 자격이 필요하다.　　◯　　✕

2) 여자는 영어를 가르치면서 진로 상담을 해 주고 있다.　　◯　　✕

진로에 대한 대화를 듣고 이해할 수 있습니까?	☆ ☆ ☆ ☆ ☆

더 들어요

● 다음을 듣고 강연자가 지원자들에게 느끼는 감정으로 알맞은 것을 고르십시오.

① 기특하다　　② 답답하다　　③ 창피하다　　④ 자랑스럽다

듣기 2
소식과 정보

  소식과 정보를 전하는 대화를 듣고 이해할 수 있다.

 생각해 봐요

● 남자가 어떤 소식을 전하고 있는지 듣고 이야기하십시오.

 **들어 봐요**

● 남자가 무엇을 안내하는지 들으십시오.

🎧 들어요 1

1 다음을 듣고 관련 있는 것을 고르십시오. 🎧023

1) ☐ 휴강일   ☐ 종강일

2) ☐ 기간 연장   ☐ 접수 절차

3) ☐ 참고 도서 목록   ☐ 도서관 자료 검색 방법

🎧 들어요 2

● 다음은 결혼 소식에 대한 대화입니다. 잘 듣고 질문에 답하십시오.

1 두 사람이 무엇에 대해 이야기하는지 고르십시오. 🎧024

① 김유진 씨에게 축하 연락을 할지 말지

② 김유진 씨의 결혼식에 참석할지 말지

③ 김유진 씨에게 축의금을 줄지 말지

2 다시 듣고 내용과 같은 것을 고르십시오. 🎧024

① 김유진 씨는 예전에 두 사람과 같은 직장에 다녔다.

② 남자는 김유진 씨에게 결혼 소식을 직접 들었다.

③ 여자는 김유진 씨에게 축의금 주는 것을 부담스러워한다.

🎧 들어요 3

● 다음은 연예 뉴스입니다. 잘 듣고 질문에 답하십시오.

1 내용을 듣고 빈칸에 알맞은 말을 쓰십시오. 🎧025

1) 오디션 프로그램에서 1등을 한 유나가 _____.

2) 방송인 이승현이 _____.

3) 배우 장기영이 _____.

소식과 정보를 전하는 대화를 듣고 이해할 수 있습니까?	☆ ☆ ☆ ☆ ☆

➕🎧 더 들어요

● 다음을 듣고 어떤 장소에서 들을 수 있는 안내 방송인지 고르십시오.

1) _____   2) _____   3) _____   4) _____

① 공항	② 백화점	③ 기차역
④ 도서관	⑤ 공연장	⑥ 아파트

듣기 3
제품의 문제

 구입한 제품의 문제에 대한 대화를 듣고 이해할 수 있다.

 ## 생각해 봐요

● 주문한 물건에 무슨 문제가 있는지 듣고 이야기하십시오.

 ## 들어 봐요

● 무엇에 대해 이야기하는지 들으십시오.

들어요 1

1 다음을 듣고 관련 있는 것을 고르십시오. 🎧 033

①

②

③

④

⑤

⑥

1) _____

2) _____

3) _____

4) _____

 들어요 2

● 다음은 이모와 조카의 영상 통화 대화입니다. 잘 듣고 질문에 답하십시오.

1 두 사람이 이야기하는 제품은 무엇이고 어떤 문제가 있는지 쓰십시오. 🎧 034

제품	
문제	

2 다시 듣고 이모가 해야 할 행동으로 알맞은 것을 고르십시오. 🎧034

① 쇼핑몰에 반품 신청을 한다.

② 택배 기사에게 물건을 전달한다.

③ 물건을 넣어서 다시 포장한다.

🎧 들어요 3

● 다음은 홈쇼핑 상담원과 고객의 대화입니다. 잘 듣고 질문에 답하십시오.

1 고객이 어떤 문제로 전화했는지 고르십시오. 🎧035

① 배송이 너무 늦다.

② 구성품이 오지 않았다.

③ 제품의 품질이 너무 떨어진다.

④ 다른 사람이 사용한 흔적이 있다.

2 다시 듣고 내용과 같은 것을 고르십시오. 🎧035

① 여자의 실수로 문제가 발생했다.

② 여자는 이 제품의 구매를 취소했다.

③ 남자는 여자에게 선풍기를 보낼 것이다.

구입한 제품의 문제에 대한 대화를 듣고 이해할 수 있습니까?	☆ ☆ ☆ ☆ ☆

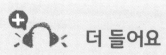 더 들어요

● 다음을 듣고 질문에 답하십시오.

1 들은 내용과 관련 있는 것을 고르십시오.

1) _____ 2) _____ 3) _____

2 다시 듣고 문제가 해결되었으면 ○, 아직 안 되었으면 ✕에 표시하십시오.

1) ○ ✕ 2) ○ ✕ 3) ○ ✕

듣기 4
음식

  음식에 대한 대화를 듣고 이해할 수 있다.

 생각해 봐요

● 이 사람들이 무엇에 대해 이야기하는지 듣고 이야기하십시오.

 들어 봐요

● 맛을 나타내는 표현을 들으십시오.

들어요 1

1 다음을 듣고 관련 있는 것을 고르십시오.

①

②

③

④

⑤

⑥

1) _____

2) _____

3) _____

들어요 2

● 다음은 기내식에 대한 방송입니다. 잘 듣고 질문에 답하십시오.

1 들은 내용과 같으면 ○, 다르면 ✕에 표시하십시오.

1) 최초의 기내식은 미국행 항공기에서 등장했다.   ○   ✕

2) 기내식은 지상에서 먹는 일반 음식보다 간이 세다.   ○   ✕

3) 모든 항공사의 항공료에는 기내식 비용이 포함되어 있다.   ○   ✕

🎧 들어요 3

● 다음은 지역의 음식을 소개하는 방송입니다. 잘 듣고 질문에 답하십시오.

1 남자가 이 지역에 대해 설명한 내용으로 맞는 것을 고르십시오.

① 전국에서 음식점이 가장 많이 있는 도시이다.

② 조선 시대에도 맛있는 음식으로 유명했다.

③ 다양한 음식을 먹을 수 있지만 교통편이 불편하다.

2 다음은 이 지역의 대표 음식입니다. 이 지역 사람들이 언제 먹으면 좋다고 했는지 쓰십시오.

1)

2)

3)

음식에 대한 대화를 듣고 이해할 수 있습니까? ☆☆☆☆☆☆

➕🎧 더 들어요

● 다음을 듣고 질문에 답하십시오.

1) 어디에서 있었던 일입니까?

2) 이 사람은 이 음식을 어떻게 먹었습니까?

유명 인사

유명 인사에 대한 대화를 듣고 이해할 수 있다.

 생각해 봐요

● 이 사람들이 누구에 대해 이야기하는지 듣고 이야기하십시오.

 **들어 봐요**

● 두 사람이 누구에 대해 이야기하는지 들으십시오.

들어요 1

1 다음을 듣고 관련 있는 것을 고르십시오.

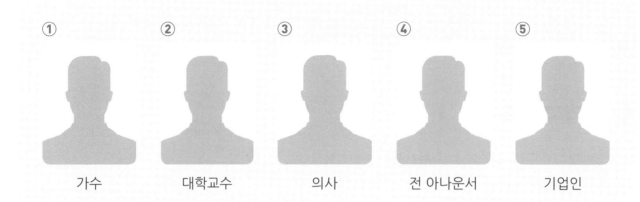

① 가수 ② 대학교수 ③ 의사 ④ 전 아나운서 ⑤ 기업인

1) _____ 2) _____ 3) _____

 들어요 2

● 다음은 유명인을 인터뷰한 내용입니다. 잘 듣고 질문에 답하십시오.

1 이 유명인에 대한 설명으로 맞는 것을 고르십시오.

① 이 분야의 세계 기록을 가지고 있다.

② 이 분야에서 최초로 해외 진출에 성공했다.

③ 실패를 하더라도 크게 신경 쓰지 않는 성격이다.

2 다시 듣고 인터뷰를 하는 여자의 태도로 맞는 것을 고르십시오.

① 관련된 자료를 미리 확인하고 준비했다.

② 모르는 것은 주저하지 않고 바로 물었다.

③ 감정을 드러내지 않고 진행에 집중했다.

🎧 들어요 3

● 다음은 유명인에 대한 다큐멘터리입니다. 잘 듣고 질문에 답하십시오.

1 이 소년에 대한 설명으로 맞는 것을 고르십시오. 🎧055

① 부모님의 영향을 받아 발레를 시작했다.

② 재능을 알아봐 준 선생님의 도움으로 유명해졌다.

③ 소년의 이야기가 영화화되어 큰 인기를 얻었다.

2 다시 듣고 소년의 영상으로 알맞은 것을 고르십시오. 🎧055

①  ②  ③

> 유명 인사에 대한 대화를 듣고 이해할 수 있습니까? ☆ ☆ ☆ ☆ ☆

➕🎧 더 들어요

● 다음을 듣고 이 유명인에 대한 설명으로 맞으면 ◯, 다르면 ✕에 표시하십시오. 🎧056

1) 연예 활동을 하고 있지 않지만 아직도 영향력이 크다.　◯　✕

2) 자신의 유명세를 활용하여 사업을 시작했다.　◯　✕

문화 차이

 문화 차이에 대한 이야기를 듣고 이해할 수 있다.

 생각해 봐요

● 여자가 웃을 때 어떻게 하는지 듣고 이야기하십시오.

 들어 봐요

● 남자의 감정이 어떤지 들으십시오.

🎧 들어요 1

1 다음을 듣고 남자의 생각으로 알맞은 것에 ✔표를 하십시오. 🎧063

1) 화가 날 만한 상황이다 ☐   넘어갈 수 있는 상황이다 ☐

2) 화가 날 만한 상황이다 ☐   넘어갈 수 있는 상황이다 ☐

3) 화가 날 만한 상황이다 ☐   넘어갈 수 있는 상황이다 ☐

🎧 들어요 2

● 다음은 한국어 교사들의 대화입니다. 잘 듣고 질문에 답하십시오.

1 무엇에 대해 이야기하고 있는지 고르십시오. 🎧064

① 언어에 나타나는 문화

② 한국어 높임법의 변화

③ 학생들이 느끼는 세대 차이

2 다시 듣고 아래의 메시지 중 어색한 것을 고르십시오. 🎧064

①

> 👤 박준영 선생님께
>
> 선생님, 저 마이클이에요.
> 미국 돌아가기 전에 한번
> 뵙고 싶은데 다음 주쯤 같이
> 점심 식사하실 수 있으세요?

②

> 👤 박 선생님께
>
> 선생님, 저 마이클이에요.
> 이번 학기 정말
> 감사했습니다. 선생님께서
> 잘 가르치셔서 많이 배울 수
> 있었습니다.

들어요 3

● 다음은 문화 차이에 대한 방송입니다. 잘 듣고 질문에 답하십시오.

1 방송에서 언급한 제스처를 <u>모두</u> 고르십시오.

①   ②   ③   ④

2 다시 듣고 방송에서 언급한 제스처가 여러분 나라에서는 어떤 의미인지 이야기하십시오.

문화 차이에 대한 이야기를 듣고 이해할 수 있습니까?	☆ ☆ ☆ ☆ ☆

 **더 들어요**

● 다음을 듣고 빈칸에 알맞은 나이를 계산해서 쓰십시오.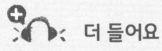

2010년 5월 5일에 태어난 사람은 한국 나이로 _____ 살이고

만 나이로는 _____ 살이다.

발표와 보고

 발표나 보고를 듣고 이해할 수 있다.

 생각해 봐요

● 무엇을 보고하고 있는지 듣고 이야기하십시오.

 **들어 봐요**

● 두 사람이 무엇을 하고 있는지 들으십시오.

🎧 들어요 1

1 다음을 듣고 관련 있는 것을 고르십시오.  073

① 개회사　　　　② 심사 기준 소개　　　　③ 심사평

④ 수상작 발표　　　⑤ 수상 소감　　　　⑥ 폐회사

1) _____　　2) _____　　3) _____　　4) _____

🎧 들어요 2

● 다음은 발표회의 일부입니다. 잘 듣고 질문에 답하십시오.

1 여자의 역할이 무엇인지 고르십시오. 074

① 발표회의 진행을 맡은 사회자

② 학생의 발표를 도와준 선생님

③ 발표 내용에 대해 평가하는 사람

2 다시 듣고 내용과 <u>다른</u> 것을 고르십시오. 074

① 학생은 사례를 소개하며 발표했다.

② 학생은 발표를 위해 역사 자료를 조사했다.

③ 학생의 발표는 한국 문화에 대한 것이었다.

 **들어요 3**

● 다음은 답사 보고의 일부입니다. 잘 듣고 질문에 답하십시오.

1 보고를 들으며 아래 답사 보고서를 완성하십시오.

답사 보고서		
답사자 (소속/이름)	경영학과 1학년 구준열, 건축학과 2학년 정새롬	
답사 일시	20XX 년 10 월 29 일(금) 10:00~12:00	
답사 장소	 (소재지) 경기도 고양시	
답사 목적	시민들을 위한 편의 시설을 알아보기 위해	
세부 내용	규모	– – 전국 공공 도서관 중 다섯 번째로 큼
	특징	– – 자유롭게 책을 읽을 수 있는 어린이 도서관

> **발표나 보고를 듣고 이해할 수 있습니까?** ☆ ☆ ☆ ☆ ☆

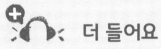 **더 들어요**

● 다음을 듣고 내용과 같으면 ○, 다르면 ×에 표시하십시오.

1) 연구가 다 끝난 후 진행된 결과 보고회이다. ○ ×

2) 보고 자료는 인터넷에서 다운로드를 받을 수 있다. ○ ×

듣기 8
건강 관리

 건강 관리에 대한 대화를 듣고 이해할 수 있다.

 ## 생각해 봐요

● 이 사람들이 건강 관리를 잘하고 있는지 듣고 이야기하십시오.

 ## 들어 봐요

● 남자가 무엇에 대해 이야기하는지 들으십시오.

🎧 들어요 1

1 다음을 듣고 내용과 같으면 ◯, 다르면 ✕에 표시하십시오. 🎧083

1) 응답자 중 32%가 수면이 부족하다고 느끼는 것으로 나타났다. ◯ ✕

2) 20대는 다른 연령대보다 과일을 많이 섭취하는 편이다. ◯ ✕

3) 운동을 거의 하지 않는다고 응답한 대학생이 고등학생보다 많았다. ◯ ✕

4) 남성의 음주 비율이 여성의 음주 비율보다 높다. ◯ ✕

🎧 들어요 2

● 다음은 건강에 대한 방송입니다. 잘 듣고 질문에 답하십시오.

1 남자가 지금 무엇을 하고 있는지 고르십시오. 🎧084

① 건강 정보 방송의 문제를 이야기하고 있다.

② 알고 있는 건강 상식이 맞는지 질문하고 있다.

③ 건강 정보에 대해 사례를 들어 설명하고 있다.

2 다시 듣고 내용과 같으면 ◯, 다르면 ✕에 표시하십시오. 🎧084

1) 자동차 배기가스가 암 발생의 원인이 될 수 있다. ◯ ✕

2) 암의 원인이 되는 물질은 담배 연기보다 고기에 더 많이 들어 있다. ◯ ✕

:O: 들어요 3

● 다음은 건강 관리에 대한 뉴스입니다. 잘 듣고 질문에 답하십시오.

1 뉴스에 나온 병의 이름이나 증상을 <u>모두</u> 메모하십시오.

2 다시 듣고 뉴스에서 제안한 예방법이 <u>아닌</u> 것을 고르십시오.

① 피로하지 않더라도 시간을 정해 눈을 감고 쉰다.

② 5분에 한 번씩 자신의 자세가 바른지 확인한다.

③ 화면을 자신의 눈보다 낮은 곳에 두고 본다.

건강 관리에 대한 대화를 듣고 이해할 수 있습니까? ☆ ☆ ☆ ☆ ☆ ☆

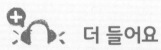 더 들어요

● 다음을 듣고 어디에 좋은 동작인지 <u>모두</u> 고르십시오.

① 등   ② 목   ③ 손   ④ 어깨   ⑤ 허리

듣기 9
동물

동물을 설명하는 다양한 담화를 듣고 이해할 수 있다.

생각해 봐요

● 여자가 어떤 동물을 설명하는지 듣고 이야기하십시오.

 들어 봐요

● 어디에서 하는 설명인지 들으십시오.

 **들어요 1**

1 다음을 듣고 관련 있는 것을 고르십시오. 093

        ① 먹이   ② 생김새   ③ 서식지   ④ 번식 방법

1) _____   2) _____   3) _____

들어요 2

● 다음 발표를 듣고 질문에 답하십시오.

1 이 발표 바로 전에 나온 내용으로 알맞은 것을 고르십시오. 094

    ① 동물과 식물의 차이

    ② 멸종 위기의 동물

    ③ 포유동물의 특징과 예

2 다시 듣고 지금 설명하고 있는 동물의 예로 알맞은 것을 고르십시오. 094

①    ②    ③    ④

🎧 들어요 3

● 다음은 나무늘보에 대한 다큐멘터리입니다. 잘 듣고 질문에 답하십시오.

1 빈칸에 알맞은 말을 쓰십시오. 🎧095

> 나무늘보는 포유동물 중에서 가장 _____ 동물 중 하나입니다. _____ 에서
> 생활하며 천천히 움직이기 때문에 나무늘보라는 이름이 붙여졌습니다.

2 다시 듣고 잘못 정리한 것을 고르십시오. 🎧095

①	생활 영역이 더 넓음	
②		더 게으름
③	초식성	잡식성

동물을 설명하는 다양한 담화를 듣고 이해할 수 있습니까? ☆ ☆ ☆ ☆ ☆ ☆

🎧 더 들어요

● 다음 퀴즈를 듣고 정답을 쓰십시오. 🎧096

1) _____   2) _____

사건·사고

 사건이나 사고에 대한 대화를 듣고 이해할 수 있다.

 생각해 봐요

● 여자가 어떻게 해야 하는지 듣고 이야기하십시오.

 **들어 봐요**

● 어디에서 나오는 안내 방송인지 들으십시오.

 **들어요 1**

1 다음을 듣고 관련 있는 것을 고르십시오. 🎧103

① 교통사고   ② 도난 사건   ③ 붕괴 사고

④ 침몰 사고   ⑤ 폭행 사건   ⑥ 화재 사고

1) _____ 2) _____ 3) _____ 4) _____

 들어요 2

● 다음은 사건·사고에 대한 뉴스입니다. 잘 듣고 질문에 답하십시오.

1 뉴스의 헤드라인으로 알맞은 것을 고르십시오. 🎧104

① 강변 추락 자동차에서 30대 여성 구조

② 숲에서 실종된 여성 17일 만에 구조

③ 건물 붕괴 현장서 27시간 만에 여성 구조

2 다시 듣고 내용과 같은 것을 고르십시오. 🎧104

① 여자는 사고 발생 즉시 휴대 전화로 신고했다.

② 여자는 다리에 상처를 크게 입어 위험한 상태이다.

③ 사고 지역을 수색하던 헬리콥터가 여자를 발견했다.

들어요 3

● 다음은 방송 프로그램의 일부입니다. 잘 듣고 질문에 답하십시오.

1 무엇에 대한 이야기인지 고르십시오.

① 사고를 직접 당한 이야기

② 사고 현장을 목격한 이야기

③ 사고를 낸 후 경찰서에 간 이야기

2 다시 듣고 내용과 같은 것을 고르십시오.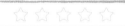

① 사고가 크게 났지만 다친 사람은 없었다.

② 사고 이후 남자는 더 바쁘게 생활했다.

③ 사고를 낸 사람은 술을 마시고 운전을 했다.

사건이나 사고에 대한 대화를 듣고 이해할 수 있습니까?	☆ ☆ ☆ ☆ ☆

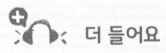 **더 들어요**

● 다음 뉴스를 듣고 태풍 시 주의 사항을 메모하십시오.

듣기 11
기후와 환경

 기후와 환경에 대한 대화를 듣고 이해할 수 있다.

 생각해 봐요

● 물건 구입에 대한 언니의 생각이 어떤지 듣고 이야기하십시오.

 **들어 봐요**

● 남자가 환경을 위해 무엇을 하는지 들으십시오.

들어요 1

1 다음을 듣고 내용과 같으면 ○, 다르면 ✕에 표시하십시오.

   1) 서울을 포함한 전국에 내일 큰 눈이 내릴 것이다.   ○   ✕

   2) 짧은 시간에 많은 비가 내려 인명 피해가 컸다.   ○   ✕

   3) 쓰나미가 일어 축구장 950개가 사라졌다.   ○   ✕

들어요 2

● 다음은 환경 보호 전문가를 인터뷰한 내용입니다. 잘 듣고 질문에 답하십시오.

1 여자에 대한 설명으로 맞는 것을 고르십시오.

   ① 대학에 다닐 때 환경 관련 전공을 했다.

   ② 환경 관련 내용으로 책을 출간했다.

   ③ 주변의 관심 부족에 대해 안타까워한다.

2 여자가 지키고 있는 환경 보호 방법을 <u>모두</u> 고르십시오.

   ① 손수건을 사용한다.

   ② 음식은 직접 만들어 먹는다.

   ③ 천연 소재의 옷이나 신발을 구입한다.

   ④ 개인 식기를 가지고 다닌다.

들어요 3

● 다음은 기후와 환경에 대한 방송입니다. 잘 듣고 질문에 답하십시오.

1 이 방송 이전에 나온 내용으로 알맞은 것을 고르십시오.

① 환경 보호를 위해 실천하는 사람들

② 기후 위기가 우리 생활에 미친 영향

③ 환경과 관련된 정부 정책의 변화

2 다시 듣고 환경 교육에 대한 내용으로 맞는 것을 고르십시오.

① 환경과 우리 삶의 관계를 이해하는 것도 포함된다.

② 초등학교 때부터 필수 과목으로 가르치고 있다.

③ 기업 대상의 교육은 아직 시행되지 않았다.

| 기후와 환경에 대한 대화를 듣고 이해할 수 있습니까? | ☆ ☆ ☆ ☆ ☆ |

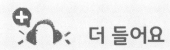 **더 들어요**

● 다음을 듣고 이 사람이 무엇을 하고 있는지 고르십시오. 🎧116

① 바다에서 서식하는 동물에 대해 설명하고 있다.

② 바다 환경 보호를 위한 참여를 요청하고 있다.

③ 동물을 보호하는 새로운 사업을 제안하고 있다.

듣기 12
사회 변화

 사회 변화에 대한 뉴스를 듣고 이해할 수 있다.

 생각해 봐요

● 이 사람들이 무엇에 대해 이야기하는지 듣고 이야기하십시오.

 들어 봐요

● 무엇에 대해 이야기하는지 들으십시오.

🎧 들어요 1

1 다음을 듣고 무엇에 대해 말하는지 알맞은 것에 ✔표를 하십시오. 🎧 123

1) ☐ 현황   ☐ 원인   ☐ 전망

2) ☐ 현황   ☐ 원인   ☐ 전망

3) ☐ 현황   ☐ 원인   ☐ 전망

4) ☐ 현황   ☐ 원인   ☐ 전망

🎧 들어요 2

● 다음은 설문 조사 결과에 대한 뉴스입니다. 잘 듣고 질문에 답하십시오.

1 들은 내용과 <u>다른</u> 것을 고르십시오. 🎧 124

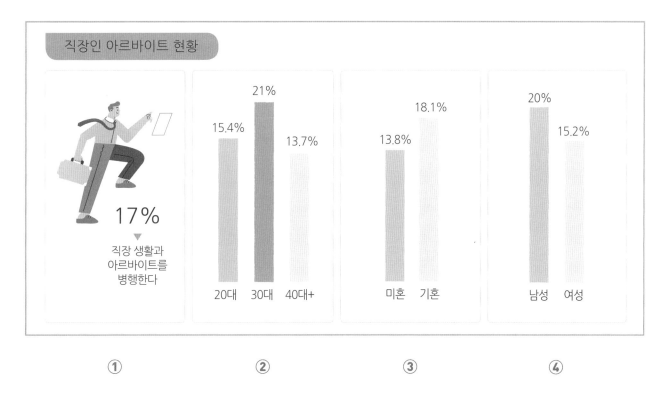

| 직장인 아르바이트 현황 | | | |

① 17% 직장 생활과 아르바이트를 병행한다

② 20대 15.4% / 30대 21% / 40대+ 13.7%

③ 미혼 13.8% / 기혼 18.1%

④ 남성 20% / 여성 15.2%

2 다시 듣고 내용에 맞게 쓰십시오.

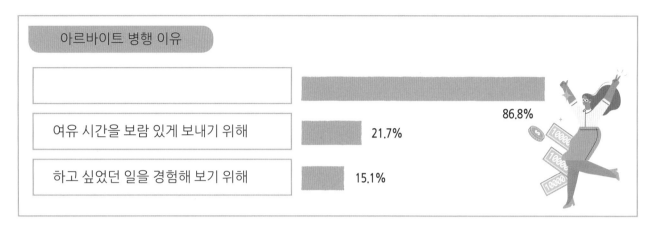

아르바이트 병행 이유

	86.8%
여유 시간을 보람 있게 보내기 위해	21.7%
하고 싶었던 일을 경험해 보기 위해	15.1%

들어요 3

● 다음은 식습관의 변화에 대한 뉴스입니다. 잘 듣고 질문에 답하십시오.

1 뉴스에서 들은 내용을 정리하십시오.

1) 쌀 소비량이 1980년대에 비해 _____ 감소했다.

2) _____ 이/가 매년 늘어 1980년대에 비해 5배 이상 증가했다.

3) 가정 간편식의 매출액이 5년 전에 비해 60% 정도 _____.

사회 변화에 대한 뉴스를 듣고 이해할 수 있습니까?	☆ ☆ ☆ ☆ ☆

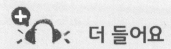

더 들어요

● 다음을 듣고 질문에 답하십시오.

1 다음 중 자발적 1인 가구에 해당하는 사람을 고르십시오.

① 혼자 사는 게 편해서 독립한 사람

② 배우자의 사망으로 혼자 살게 된 사람

③ 대학 진학으로 고향을 떠나 다른 도시에서 혼자 사는 사람

2 다시 듣고 내용과 같으면 ○, 다르면 ✕에 표시하십시오.

1) 자발적 1인 가구는 계속 감소할 것으로 전망된다. ○ ✕

2) 자발적 1인 가구의 절반 이상이 생활에 만족하고 있다. ○ ✕

듣기 13
라디오 방송

 라디오 방송을 듣고 이해할 수 있다.

 **들어요 1**

● 다음은 라디오 방송의 퀴즈입니다. 잘 듣고 정답을 쓰십시오. 🎧131

1 [   ]

2 [   ]

3 [   ]

 **들어요 2**

● 다음 라디오 방송을 듣고 질문에 답하십시오. 🎧132

1 내용을 듣고 아래 빈칸에 들어갈 알맞은 말을 쓰십시오.

> 새해 목표를 세우고 결심한 사람이 아무 계획을 세우지 않은 사람보다 _____
> 목표를 이룰 확률이 높다.

2 새해 목표 달성률을 높이기 위한 방법을 듣고 그것에 맞게 목표를 하나 정해서 쓰십시오.

들어요 3

● 다음은 문화 관련 라디오 뉴스입니다. 잘 듣고 질문에 답하십시오.　🎧133

1 '겁쟁이 영화관'이 무엇인지 이야기하십시오.

2 다시 듣고 관객의 반응은 어떠한지 이야기하십시오.

3 변화하고 있는 영화관에 대해 경험한 적이 있습니까? 다음 신문 기사를 읽고 이 영화관은 어떤 차별점이 있는지 이야기하십시오.

KU신문　　　　　　　　　　　　　　　　　　　　　　　　　　20XX년 9월 5일

　　영화관이 이처럼 변화를 넘어 진화를 모색하고 있다. 극장의 본질을 뒤흔드는 시도를 통해 관객 유치에 나선 것. 극장의 3대 요소인 3S, 즉 스크린(Screen), 사운드(Sound), 시트(Seat)의 역할에 변화를 주며 다양한 수요를 충족시키려 노력하고 있다. 최근 서울의 한 영화관에서는 '오디오북 상영전'을 열었다. 오디오북 상영전은 3S 중 스크린을 포기하는 대신 나머지 2개 요소인 사운드와 시트의 기능을 강조한 사례다. 오디오 전문 영화관은 좌석 각도가 120도까지 조정되어 관객이 누워서 영화를 즐길 수 있으며 개별 좌석마다 대사와 OST, 효과음 등이 더 또렷하게 들리는 사운드 시스템도 설치해 관객이 오롯이 소리에만 집중할 수 있다.

라디오 방송을 듣고 이해할 수 있습니까?	☆ ☆ ☆ ☆ ☆

정답

1과   진로

● 들어요 1
1) ③   2) ④   3) ②
4) ①

● 들어요 2
1   ②
2   ③

● 들어요 3
1 ①
2
1) ◯   2) ✕

● 더 들어요
②

2과   소식과 정보

● 들어요 1
1) ☐ 휴강일   ☑ 종강일
2) ☑ 기간 연장   ☐ 접수 절차
3) ☑ 참고 도서 목록   ☐ 도서관 자료 검색 방법

● 들어요 2
1   ③
2   ①

● 들어요 3
1
1) 데뷔를 했다   2) 딸을 낳았다
3) 군대에 입대했다

● 더 들어요
1) ⑤   2) ⑥   3) ②
4) ①

3과   제품의 문제

● 들어요 1
1) ③   2) ①   3) ④
4) ⑥

● 들어요 2
1
제품: 스웨터
문제: 옷에 구멍이 남
2   ①

● 들어요 3
1   ②
2   ①

● 더 들어요
1
1) ②   2) ①   3) ④
2
1) ✕   2) ◯   3) ✕

4과   음식

● 들어요 1
1) ③   2) ①   3) ⑤

- 들어요 2

  1
  1) ✗   2) ◯   3) ✗

- 들어요 3

  1 ②

  2
  1) 저녁   2) 점심   3) 아침

- 더 들어요

  1) 군대에서
  2) 밤마다 한 개씩 몰래 먹음

5과 유명 인사

- 들어요 1

  1) ①   2) ③   3) ④

- 들어요 2

  1 ①

  2 ①

- 들어요 3

  1 ②

  2 ①

- 더 들어요

  1) ◯   2) ✗

6과 문화 차이

- 들어요 1

  1) 화가 날 만한 상황이다 ☐
     넘어갈 수 있는 상황이다 ☑

  2) 화가 날 만한 상황이다 ☑
     넘어갈 수 있는 상황이다 ☐

  3) 화가 날 만한 상황이다 ☐
     넘어갈 수 있는 상황이다 ☑

- 들어요 2

  1 ①

  2 ②

- 들어요 3

  1 ①, ②, ③

7과 발표와 보고

- 들어요 1

  1) ②   2) ⑥   3) ③
  4) ⑤

- 들어요 2

  1 ③

  2 ③

- 들어요 3

  1

답사 보고서		
답사자 (소속/이름)	경영학과 1학년 구준열, 건축학과 2학년 정새롬	
답사 일시	20XX 년 10 월 29 일(금) 10:00~12:00	
답사 장소	미래로 도서관	
	(소재지) 경기도 고양시	
답사 목적	시민들을 위한 편의 시설을 알아보기 위해	
세부 내용	규모	– 지상 3층, 지하 1층
		– 전국 공공 도서관 중 다섯 번째로 큼
	특징	– 예술적인 공간 구성
		– 자유롭게 책을 읽을 수 있는 어린이 도서관

- 더 들어요

  1) ✗   2) ◯

8과 건강 관리

- 들어요 1
  1) ○   2) ✕   3) ✕
  4) ○

- 들어요 2
  1 ③
  2
  1) ○   2) ✕

- 들어요 3
  2 ③

- 더 들어요
  ①, ②, ④

9과 동물

- 들어요 1
  1) ②   2) ③   3) ④

- 들어요 2
  1 ③
  2 ②

- 들어요 3
  1 느린, 나무 위
  2 ③

- 더 들어요
  1) 기린
  2) 비둘기

10과 사건·사고

- 들어요 1
  1) ①   2) ⑤   3) ⑥

  4) ②

- 들어요 2
  1 ②
  2 ③

- 들어요 3
  1 ①
  2 ③

11과 기후와 환경

- 들어요 1
  1) ✕   2) ○   3) ✕

- 들어요 2
  1 ②
  2 ①, ④

- 들어요 3
  1 ②
  2 ①

- 더 들어요
  ②

12과 사회 변화

- 들어요 1
  1) ☑ 현황   ☐ 원인   ☐ 전망
  2) ☐ 현황   ☐ 원인   ☑ 전망
  3) ☐ 현황   ☑ 원인   ☐ 전망
  4) ☑ 현황   ☐ 원인   ☐ 전망

- 들어요 2
  1 ③
  2 수입을 늘리기 위해

- **들어요 3**

  1

  1) 큰 폭으로

  2) 육류 소비량

  3) 늘었다

- **더 들어요**

  1 ①

  2

  1) ✕   2) ◯

13과 라디오 방송

- **들어요 1**

  1 금연

  2 선풍기

  3 낙엽

- **들어요 2**

  1 열 배 이상

듣기 지문

💡 생각해 봐요

남 뭐 보고 있어? 진로 적성 검사?

여 응. 이거 봐 봐. 학교에서 진로 적성 검사해 준대. 우리 학교 학생이면 무료로 해 주나 봐.

남 그래? 인터넷에 있는 건 봤는데 학교에서도 해 주는구나. 취업 때문에 한번 해 보고 싶었는데, 잘됐다.

🎧 들어 봐요

여 부장님, 회사 그만두신다면서요?

남 응, 김 대리. 그렇게 됐어.

여 아직 정년까지 몇 년 남으셨잖아요. 다른 계획이 있으신 거예요?

남 전부터 하고 싶은 게 있었는데 더 늦으면 안 될 거 같아서. 하루라도 젊었을 때 도전해 보려고.

여 그러셨구나. 그래도 갑자기 회사를 떠나신다니 섭섭해요.

🎧 들어요 1

1) 남 너 지금 우는 거야? 이거 영화잖아. 진짜도 아니고 네 일도 아닌데 왜 울어?

여 나도 몰라. 그냥 나는 저런 거 보면 내 일 같이 느껴져서 슬프고 그래.

2) 남 이렇게 여러 악기를 다 잘 다루시는 걸 보면 음악에 소질을 타고나셨나 봐요.

여 소질을 타고났다기보다는 남들보다 관심이 조금 더 많았던 것 같아요.

3) 여1 역시 준하 너한테 발표 맡기길 잘했어.

여2 맞아. 이해하기 쉽게 발표를 정말 잘하더라.

남 그래? 잘 끝나서 다행이지 뭐.

4) 여 우승 축하드립니다. 팀의 리더로 부담이 크셨을 것 같은데 어떠셨어요?

남 경기를 하면서 힘들 때마다 동료와 후배들에게 '조금만 더 힘내자! 힘내자!' 이렇게 다독이고 격려했는데요. 그런 제 말을 모두들 잘 따라 줘서 좋은 성과가 있었던 것 같습니다.

🎧 들어요 2

여 선배, 오랜만이에요. 그동안 잘 지내셨죠?

남 응. 잘 지냈지. 나 졸업하고는 처음 보는 거지? 너 운동 그만뒀다는 소리는 들었는데.

여 네. 어깨 부상 때문에요. 참아 보려고 했는데 결국 그만뒀어요.

남 그랬구나. 잘 선택했어. 선수 말고도 할 건 많으니까.

여 그렇지 않아도 그것 때문에 선배한테 조언 구하려고 연락드린 거예요.

남 그랬어? 뭐 물어보려고?

여 선배는 지금 체육 교육 전공하고 있잖아요. 적성에 잘 맞으세요?

남 응. 그런 것 같아. 나중에 체육 선생님 하는 것도 잘 맞을 것 같고.

여 하긴 선배는 고등학교 때도 코치님 대신해서 저희

훈련도 봐 주시고 그랬으니까. 근데 전공 정할 때
체육 교육 말고 다른 건 생각해 보지 않으셨어요?
남 그때 스포츠 경영이랑 스포츠 재활 이런 쪽들도 생
각해 보긴 했는데 난 교육이 적성에 더 맞아서. 넌
어느 쪽에 관심 있는데?
여 전 스포츠 경영 쪽 생각하고 있거든요.
남 스포츠 경영, 좋지. 그쪽은 진출할 수 있는 분야도
넓고 전망도 아주 밝다고 하더라고.
여 그래요?
남 응. 그래서 우리 과 동기들 중에도 그쪽으로 더 공
부하겠다는 친구도 있어.

 들어요 3

 015

남 오늘은 진로 교육에 대해 알아보도록 하겠습니다.
가람 중학교의 김진애 선생님 모셨습니다. 선생님,
안녕하세요?
여 안녕하세요.
남 선생님은 현재 진로 교육을 맡고 계시는데, 원래는
영어 선생님이셨다면서요?
여 네. 전에는 영어를 가르쳤는데요. 진로에 대해 고민
하는 학생들을 보고 영어 교육 못지않게 진로 교육
이 필요하다는 생각이 들었어요. 그래서 현직 교사
대상의 교육을 받았고, 자격을 취득해서 지금은 진
로 전담 교사로 일하고 있습니다.
남 그렇군요. 그럼 진로 교육은 어떻게 진행하고 있습
니까?
여 저희 학교의 경우는 일주일에 1회 정도 진로 수업을
진행하고 있는데요. 그 시간에는 학생들 스스로 적
성과 흥미를 확인할 수 있는 적성 검사나 다양한 직
업에 대해 알아보는 직업 탐색 수업, 실제로 그 직
업을 직접 경험해 보는 체험 수업 등을 하고 있습
니다.
남 많은 활동들을 하고 있네요.
여 네. 그리고 국어나 사회, 과학 등 일반 과목을 공부
할 때도 자연스럽게 늘 자신의 적성과 진로에 대해
생각해 볼 기회를 주기 위해 진로 교육과 일반 과목

의 연계에도 신경을 쓰고 있습니다.
남 그거 참 좋네요. 학생들이 평상시에도 늘 진로에 대
해 생각해 볼 수도 있고요.

 더 들어요

 016

남 제가 대기업 인사 담당으로 오래 일했다고 하면 사
람들이 가장 많이 하는 질문이 자기소개서를 어떻
게 써야 되냐 이건데요. 자기소개서 쓰는 거 생각보
다 간단합니다. 사람들이 자기소개서가 진짜 '자기'
소개서라고 생각해요. 성장 과정을 쓰라고 하면, 엄
격하신 아버지와 자상하신 어머니가 어쩌고저쩌고,
그런데 지원자가 어떻게 컸는지가 과연 그렇게 궁
금할까요? 그런데 진짜 궁금한 줄 알고 그런 걸 쓴
다니까요. 다음으로 성격의 장단점을 쓰라고 하면,
저는 마음이 따뜻하고 친절하며…. 아니 지금 저랑
소개팅하는 겁니까? 그런 매력 어필은 소개팅 나가
서 하세요. 자기소개서의 모든 내용은 일과 관련이
있어야 합니다. 그냥 자기소개가 아니라, '제가 이
일을 꼭 하고 싶고, 잘할 수 있는 사람입니다' 이걸
증명하는 게 자기소개서예요. 지원 동기, 성장 과정,
성격의 장단점, 어려움 극복 등 모든 것들을 앞으로
자신이 할 일과 연결해서 써야 됩니다. 그렇게 업
무 관련된 능력을 보이면 경험이나 경력이 좀 부족
해도 합격을 시키고 싶지 않겠습니까? 이거 그렇게
어렵지 않잖아요? 그런데 이렇게 쓰는 사람들이 정
말 없어요.

2과 소식과 정보

 생각해 봐요

 021

남 자기야, 자기가 기다리던 뮤지컬. 곧 티켓 예매 시
작한대.
여 어? SNS에 떴어? 예매 날짜 언제래?

남　17일이라는데? 자기도 예매 사이트 한번 들어가 봐. 날짜 정하게.

🎧 들어 봐요

남　오후 워크숍 일정에 대해 안내 말씀드리겠습니다. 오전 특강이 원래 일정보다 다소 늦어졌습니다만 오후 일정은 시간 변경 없이 원래대로 진행하도록 하겠습니다. 점심 식사는 미리 알려 드린 것처럼 1층 사내 식당을 이용하시고, 식사 후 2시까지 3층 대회의실로 모여 주시기 바랍니다. 감사합니다.

🎧 들어요 1

1) 여　이 수업 이번 주 금요일에 끝나는 거 맞지?

　　남　아니. 지난번에 교수님이 수업 안 한 거 보강한 다고 했잖아. 보강 두 번 해야 되니까 다음 주 에 끝나지.

　　여　맞다. 완전 잊어버리고 있었어.

2) 남　팀장님, 아무래도 공모전 접수 기간을 늘려야 할 것 같습니다.

　　여　왜요? 참여가 저조한가요?

　　남　네. 접수 마감이 이번 주까지인데 아직 50여 편 밖에 들어오지 않았습니다. 그리고 혹시 연장이 가능하냐는 문의도 많았고요.

　　여　그래요? 그럼 기간을 늘리는 방향으로 가야겠 네요.

3) 여　지금 나눠 드리는 자료는 이번 학기에 참고할 만한 책들입니다. 총 스물다섯 권이고 제목, 저 자, 출판사까지 정리해서 목록을 만들었으니 쉽 게 검색할 수 있을 겁니다. 그리고 이 책들은 구매하셔도 되지만 학교 도서관에 다 있으니까 도서관에서 빌려서 보셔도 됩니다.

🎧 들어요 2

여　정 대리님, 김유진 씨 알죠?

남　김유진? 아, 몇 달 전에 그만둔 김유진 씨. 알죠, 알 죠.

여　그 유진 씨가 다음 주에 결혼한대요.

남　그래요? 결혼하는구나. 근데 왜 회사 사람들한테 연락 안 했대요?

여　지인들 초대는 거의 안 하고 가족끼리만 작게 할 거 래요.

남　그럼 축의금 많이 못 받을 텐데. 요즘 이렇게 스몰 웨딩 하는 사람이 많은가 봐요.

여　그래서 저는 금요일에 따로 유진 씨 만나서 축하도 하고 축의금도 주려고요. 혹시 정 대리님도 축의금 같이 하실래요?

남　글쎄요. 사실 전 일할 때 그다지 가깝지도 않았고, 결혼식에 초대를 받은 것도 아니라서요. 제가 축의 금을 주면 오히려 김유진 씨가 부담스러워할 것 같 은데요.

여　그럴 수도 있겠네요.

🎧 들어요 3

남　이번 주도 연예계에 아주 다양한 소식들이 있는데 요. 박지우 리포터 만나서 이야기 들어 볼까요? 박 지우 리포터.

여　네, 반가운 소식 먼저 전해 드리겠습니다. 몇 달 전 끝난 오디션 프로그램에서 뛰어난 실력으로 1등을 차지했던 유나 씨, 다들 아시죠? 4일 정오 유나 씨 의 첫 번째 노래가 발표돼서 큰 관심을 받고 있습니 다. 유나 씨는 이번 주 음악 방송을 시작으로 본격 적인 가수 활동을 시작한다고 하네요.

남　네, 앞으로 유나 씨의 활발한 활동 기대하겠습니다. 그런데 기쁜 소식이 또 있다면서요?

여　그렇습니다. 작년 초 결혼을 발표했던 방송인 이승 현 씨가 아빠가 되었다는 소식입니다. 이승현 씨는 결혼 후 부인과 방송에 나와서 알콩달콩한 모습을 많이 보여 줬었는데요. 지난 주말 3.3kg의 건강한 공주님을 낳았다고 합니다. 이승현 씨는 실감이 나지 않아 얼떨떨하지만 너무 행복하다고 소감을 전했습니다.

남 정말 기쁜 소식이군요. 이승현 씨 축하드립니다.

여 네. 그런데 이쯤에서 아쉬운 소식도 하나 전해 드려야 할 것 같습니다. 인기 배우 장기영 씨가 오늘 SNS에 머리를 짧게 자른 사진과 함께 직접 쓴 편지를 올렸는데요. 장기영 씨는 편지를 통해 '그동안 사랑해 주신 분들 덕분에 행복하게 20대를 보냈다'며 '건강하게 군 생활을 하고 오겠다'는 말을 전했습니다.

남 그럼 장기영 씨의 건강한 군 생활을 바라며 연예계 소식은 여기서 마무리하도록 하겠습니다. 오늘도 풍성한 소식 전해 준 박지우 리포터, 감사드립니다.

🎧 더 들어요

1) 남 관객 여러분께 알려 드리겠습니다. 지금부터 10분간 휴식이 있겠습니다. 휴식 시간 중 공연장을 출입하실 때는 입장권을 소지하여 주시기 바랍니다. 감사합니다.

2) 남 관리 사무소에서 안내 말씀드리겠습니다. 내일 오전 9시부터 계단 및 복도 대청소를 실시합니다. 101동부터 105동까지 청소가 진행되오니 혹시 계단이나 복도에 재활용품, 자전거 등의 물건을 내놓은 세대는 물건을 집 안으로 치워 주시기 바랍니다.

3) 여 오늘도 즐겁고 행복한 쇼핑, 되셨는지요? 고객 여러분과의 소중한 만남 속에 어느새 폐점 시간이 되었습니다. 앞으로도 보다 나은 상품과 서비스로 모실 것을 약속드리며 아쉬운 작별의 인사를 드립니다. 고맙습니다. 안녕히 가십시오.

4) 여 세계 항공에서 제주로 가시는 손님 여러분께 탑승 시간 안내 말씀드리겠습니다. 5시 출발 예

정이던 세계 항공 467편 항공기는 연결 편 항공기의 지연 도착으로 5시 20분에 39번 탑승구에서 탑승할 예정입니다. 손님 여러분께 불편을 끼쳐 드려 대단히 죄송합니다.

3과 제품의 문제

💡 생각해 봐요

남 과장님, 주문한 홍보용 기념품 왔는데요.

여 잘 나왔어요?

남 그런데 여기 제품 몇 개는 글자가 잘 안 보이는데요. 다시 보내 달라고 요청해야 될 것 같습니다.

🎧 들어 봐요

여 한국 전자가 생산한 LED TV 화면의 불량 문제를 어제 뉴스로 전해 드렸는데요. 이와 관련해 한국 전자는 문제가 있는 제품을 구매 시기와 상관없이 전부 무상 수리하겠다고 밝혔습니다.

🎧 들어요 1

1) 여 이거 좀 봐. 주문한 게 왔는데 이 부분이 깨져 있어.

남 그러네. 배송하다가 깨졌나?

2) 남 네, 안암 전자 AS 센터입니다.

여 제가 거기서 청소기를 하나 샀는데 소음이 너무 심해서요. 원래 이런가요?

3) 남 어? 스티커가 왜 뜯어져 있지?

여 그러게. 새 거 아닌가 봐. 개봉했던 거 보낸 거네.

4) 남 이거 고장 났어? 가운데가 열려 있어.

여 지난번에도 지퍼가 벌어지더니 또 그러네.

034

여1 이모, 나 예빈이.

여2 응, 예빈아. 안녕.

여1 짜잔. 이모 이거 오늘 받았어. 잘 어울리죠?

여2 어, 벌써 받았구나.

여1 응. 이 스웨터 엄청 맘에 들어. 선물 고마워요.

여2 그래? 다행이네. 생일 축하해.

여1 고맙습니다.

여2 근데 예빈아, 거기 어깨 쪽에 그 까만 거 뭐야? 뭐 묻었니?

여1 어디? 여기?

여2 아니. 거기 말고 왼쪽. 어, 거기.

여1 어? 여기 구멍 있네. 너무 작아서 못 봤어.

여2 어떡하니? 반품해야겠다.

여1 내일 입으려고 했는데. 이모, 그럼 이거 반품 신청 내가 해야 돼?

여2 아니. 내가 주문한 거니까 내가 하는 게 간단해. 사이트 들어가면 금방 할 수 있어.

여1 그럼 옷은 어떻게 해?

여2 너 그 택배 박스 그대로 가지고 있지? 거기에 넣어서 포장해 둬.

들어요 3

035

남 행복을 전해 드리는 상담사 박시우입니다. 무엇을 도와 드릴까요?

여 제가 거기서 선풍기를 구입했는데요. 리모콘이 안 와서요.

남 그러셨어요? 확인해 보겠습니다. 주문하신 분 성함과 주문 번호 말씀해 주시겠습니까?

여 네. 저는 최하윤이고요. 주문 번호는 잠시만요, 217003이에요.

남 217003이요? 네, 확인해 보겠습니다. 고객님, 6월 2일에 흰색 A9 모델 구입하신 거 맞으십니까?

여 네, 맞아요.

남 이 제품의 경우 리모콘은 선택 사항인데요. 확인 결과 고객님은 선택을 안 하신 걸로 나옵니다.

여 그래요? 제가 체크를 안 했다고요? 이상하다. 내가 안 눌렀나?

남 네. 주문 내역에는 체크가 안 되어 있습니다.

여 그럼 그것만 다시 보내 주실 수는 없나요?

남 리모콘은 별도로 다시 구매하셔야 되고요. 배송비도 고객님께서 부담해 주셔야 합니다.

여 그래요? 어쩔 수 없죠. 선풍기 주문한 주소 있죠? 거기로 하나 보내 주세요.

더 들어요

036

1) 남 여보세요. 저 501호 사는 학생인데요.

여 어, 학생. 무슨 일이에요?

남 싱크대 수도에서 물이 새서요. 며칠 전부터 물이 똑똑 떨어지더니 오늘은 줄줄 흘러요. 어떡하죠?

여 그래? 빨리 고쳐야겠네. 일단 내가 한번 가 볼게요.

2) 여1 다 됐다. 불 켜 볼래?

여2 와, 환하다. 난 무서워서 전구 못 갈겠던데. 너 대단하다.

여1 에이, 뭐가. 또 뭐 도와줄 거 없어?

3) 남 학생, 나 집주인인데. 이거 어쩌지?

여 왜요?

남 수리 기사가 지금은 못 온다는데. 날이 갑자기 추워지는 바람에 보일러들이 많이 고장 났나 봐.

여 지금 따뜻한 물도 안 나오고 방도 너무 추운데. 그럼 언제 된대요?

4과 음식

생각해 봐요

041

여 우리 점심 여기 갈까?

남 해장국? 너 순대나 해장국 이런 거 안 먹었잖아.

여 전에는 그랬는데 한두 번 먹다 보니까 괜찮더라고.

남 이제야 어른 입맛이 됐네.

들어 봐요

042

남 자, 드디어 나왔습니다. 여러분, 국물 색깔 좀 보세요. 삼계탕인데 국물이 빨갛습니다. 먼저 국물 맛을 한번 봐야겠죠? 이거 진짜 국물이 끝내주네요. 이게 고춧가루가 들어갔잖아요. 그래서 일반 삼계탕하고 다르게 얼큰하고 국물이 진하면서도 깔끔합니다. 고기도 한번 먹어 보겠습니다. 고기가 아주 부드럽네요.

들어요 1

043

1) 남 이 집은 먹을 만하네요. 많이 안 매워서.

여 매운 건 못 먹는다고 해서 여기로 왔어요. 다음에는 저것도 먹어 봐요. 떡볶이에 크림을 넣어서 훨씬 부드럽고 맛있어요.

남 그래요? 맛있어 보이네요.

여 그리고 이런 떡 말고 면처럼 긴 떡으로 만든 것도 있어요.

2) 남 음, 소문대로 정말 맛있다.

여 그렇지? 고기가 이렇게 두툼한데 전혀 질기지도 않고. 무엇보다 튀김옷이 바삭바삭해서 씹을 때 너무 행복해.

남 그러니까. 겉은 바삭 속은 촉촉. '겉바속촉' 제대로인 것 같아.

3) 여 이 음식은 제 추억의 음식이에요. 어릴 때 어머니가 자주 만들어 주셨어요. 밀가루를 반죽해서 국수 면을 만드는데요. 가끔은 저랑 동생이 만드는 걸 돕기도 했죠. 담백하고 따뜻한 국물에 통통한 국수 면발, 오늘처럼 약간 쌀쌀한 날에 먹으면 딱이에요.

들어요 2

044

여 해외여행 하면 비행기, 그리고 비행기에서 먹는 기내식이 떠오르는데요. 기내식은 언제부터 있었던 건가요?

남 네. 최초의 기내식은 1919년 런던, 파리 간 노선에서 처음 시작했는데요. 샌드위치와 과일을 제공했다고 합니다.

여 그렇군요. 비행기 노선마다 메뉴가 다르죠?

남 맞습니다. 그 비행기에 많이 탑승하는 탑승객에 맞춰 기내식이 결정됩니다. 그리고 아시다시피 좌석 등급에 따라 다르기도 하고요. 또 모든 항공기에서 기내식을 제공하는 걸로 아시는 분이 많은데, 짧은 거리를 이동할 때는 간단한 음료만 주기도 하고, 저가 항공사의 경우 항공료 외에 별도의 비용을 내야 하는 경우도 있습니다.

여 기내식이 일반 음식과 다른 점이 있나요?

남 기내의 경우 기압이 낮고 엔진 소리가 시끄럽죠. 이런 환경 때문에 우리 혀의 미각과 냄새를 맡는 후각이 지상에서보다 약해진다고 해요. 그래서 기내식은 평소 우리가 섭취하는 음식보다 설탕, 소금과 같은 양념이 약 20% 정도 더 많이 들어간다고 합니다.

들어요 3

045

여 한국의 맛을 찾아! 지역의 음식 이야기. 오늘은 어느 지역인가요?

남 음식점 이름에 지역 이름을 넣는 경우가 있는데, 그 중에 가장 많이 나오는 지역이 전주가 아닐까 싶습니다.

여 그러네요. 식당 상호에 전주 참 많이 들어가죠. 그럼 오늘 소개할 지역이 전주인가요?

남 네, 맞습니다. 맛있는 음식 먹으러 전주 여행을 간다는 분도 계신데요. 교통상으로도 서울에서 상당히 가까워서 점심 먹고 바로 올라올 수도 있죠. 전주는 조선 시대 때부터 평양, 개성과 함께 맛의 고장으로 유명했습니다. 전주를 대표하는 세 가지 음식을 꼽는다면 전주비빔밥, 전주 콩나물 국밥, 전주 한정식인데요. 먼저, 전주비빔밥은 다양한 재료들이 색과 모양, 영양의 조화를 이루는 게 특징입니다. 다음으로 콩나물 국밥이 유명한데, 콩나물은 전주 콩나물이 최고라고 합니다. 질기지 않고 연해서 훨씬 맛있지요. 마지막으로 전주 한정식은 수십 가지 음식이 큰 상에 한꺼번에 차려지기 때문에 무엇을 먼저 먹을까 고민에 빠지게 되죠. 그럼 이 음식을 언제 먹느냐, 전주 사람들 말에 따르면 아침에는 따뜻한 콩나물 국밥, 점심에는 간단하게 먹을 수 있는 비빔밥, 저녁에는 푸짐하게 차려 천천히 즐길 수 있는 한정식이 제격이라고 하네요.

 더 들어요

 046

남 제가 군대 있을 때 이야기인데요. 군대 훈련소에 있을 때는 외부 음식을 못 먹잖아요. 훈련소 2주차가 넘으면 사탕, 초코바 같은 간식에 굶주리기 시작해요. 근데 어느 날 제 팬이라면서 저에게 '멘땡땡' 하나를 줬어요. 알죠? 그 사탕 여러 개 들어 있는 거. 그걸 받고 많은 고민을 했어요. 이걸 어떻게 먹어야 할까? 한꺼번에 다 먹고 한번에 행복감을 느낄까? 아니면 조금씩 아껴 먹을까? 후자를 선택했죠. 밤에 다들 잠들어 있을 때 침낭을 뒤집어쓰고 멘땡땡 한 개를 꺼내서 하루에 한 개씩 밤에 몰래 먹었던 기억이 있어요.

 5과 유명 인사

 생각해 봐요

051

남 어, 저 사람. 배우 아냐?

여 누구? 아, 그러네. 이강현이네. 와, 이강현을 실물로 보고.

남 키가 크다고 하더니 별로 안 큰데.

여 저 정도면 큰 거지. 근데 진짜 잘생겼다.

 들어 봐요

 052

여 요즘 저 사람 진짜 많이 나오더라. 영화배우야?

남 영화배우는 아니고 패션업계 사람이라고 하는데 SNS 팔로워 수가 몇 백만 명이래.

여 그래? 왜 그렇게 인기가 많은데?

남 나도 잘 모르겠어. 근데 저 사람이 하고 다니는 게 다 유행이 된다고 하더라고.

 들어요 1

053

1) 여 엔터테인먼트 회사를 만드셨다는 이야기가 들리던데요.

    남 아, 그거 잘못 알려진 거예요. 저희 형이 제 매니저 일을 맡고 있는데요. 형이 사업에 관심이 좀 있어서 그런 소문이 났나 봐요. 저는 그런 쪽은 전혀 모르고, 관심도 없어요. 그냥 지금처럼 노래만 부를 거예요.

2) 남 바쁜 일정에도 정기적으로 봉사 활동을 하시는 걸로 알고 있는데 힘들지는 않으세요?

    여 주로 의료 시설이 잘 갖추어지지 않은 곳을 찾아가는데요. 의과 대학에 다닐 때부터 하던 일이라서 이제는 생활이 됐어요.

3) 남 너 들었어? 다음 특강에 김연수가 온대.

여 김연수? 가수 김연수? 그 사람이 무슨 말하기 특강을 해?

남 아니. 가수 말고 요즘 방송에 많이 나오는 사람. 책도 쓰고 유명하잖아.

여 아, 그 김연수. 전에 STV 아나운서였던 사람 말이지?

🎧 들어요 2

남1 국내에서 활동하는 프로 스포츠 선수 중에 가장 많은 연봉을 받는 선수. 이재혁 선수를 모셨습니다.

남2 안녕하세요? 프로 게이머 이재혁입니다.

여 와, 드디어 제가 이재혁 선수를 직접 보게 되네요. 영광입니다. 이재혁 선수가 얼마나 대단한 선수인지 기록을 말씀드리겠습니다. 프로 게임 국내 리그 10회 우승, 국제 대회에서 127승을 하셨습니다. 세계적으로 유일무이한 기록을 갖고 있는 이스포츠(esports) 최고의 선수입니다.

남1 처음 소개 때도 말씀드렸는데 국내 프로 스포츠 선수 중에 연봉 1위라면서요? 연봉이 정확하게 얼마나 되시는지?

남2 아, 제가 계약상 연봉이 얼마인지 공개할 수가 없어요.

여 직접 말씀하시기는 어려운 것 같은데 최소 50억은 넘을 걸요. 맞죠?

남2 아, 하하. 글쎄요.

여 그런데 더 대단한 건 해외 구단에서 몇 백억을 주겠다, 백지 수표를 제시했다 이런 이야기도 있어요.

남1 우리 김하영 씨가 더 잘 알고 계시네요.

여 네. 제가 정말 열렬한 팬이거든요. 이재혁 선수에 관한 건 다 찾아볼 정도니까요.

남2 아, 네. 고맙습니다.

남1 조건이 최고인데 해외 구단이랑 계약을 하지 않은 이유가 있습니까?

남2 해외 구단에서 경험하는 게 도움이 될 수도 있는데 아직까지는 가족이 있는 한국에서 활동을 하는 게 더 좋을 거라고 생각했습니다. 국내 팬들도 많이 응

원해 주시고 계시고요.

남1 프로가 되신 지 꽤 되신 것 같은데 여전히 재미있으신가요?

남2 저도 다른 사람이랑 똑같아요. 게임에서 이기면 좋고 지면 힘들고요. 경기에서 지면 저 자신한테 화가 나기도 하지만 같이 뛴 동료들한테 미안한 마음이 커서 많이 힘들어합니다.

여 저도 봤어요. 지난번 준결승에서 지셨을 때 엉엉 우셔서 큰 화제가 됐잖아요.

남2 아, 네. 그 영상은 좀 지워졌으면 좋겠다 생각하고 있어요.

남1 그렇군요. 그럼 여기서 노래 한 곡 듣고 이야기 계속 나누겠습니다.

🎧 들어요 3

여 영국 북부 작은 도시에 사는 열한 살 소년 빌리. 우연히 본 발레 수업에서 자신의 재능을 발견하게 되지요. 가족의 반대를 이기고 꿈을 이뤄 가는 감동적인 성장 영화 〈빌리 엘리어트〉입니다. 여기 영화 속 빌리와 너무나도 닮은 발레 소년이 있습니다. 나이지리아의 발레 소년 피터 마두의 이야기. 지금 만나 보시죠. 빗물이 고여 있는 흙바닥 위에서 맨발로 춤을 추는 소년이 있습니다. 내리는 비를 맞아 온몸이 젖어 가지만 소년은 진지하기만 합니다. 음악도 발레복도 토슈즈도 없이 소년은 점프를 하고 제자리에서 돌며 아름다운 동작을 이어 갑니다. 소년의 남다른 재능과 열정을 알아본 발레 교습소 선생님이 소년의 연습 영상을 촬영해 인터넷에 올렸고 이 짧은 영상은 전 세계적으로 감동과 화제를 불러일으켰습니다. 열악한 환경에서도 발레에 대한 열정을 꽃피운 소년의 모습에 세계 곳곳에서 관심을 표현했죠. 유명 발레단에서 입학 제의도 들어왔고요. 아들이 대학을 졸업하고 교수가 되길 바랐던 마두의 부모님도 이제 누구보다 열심히 마두를 응원합니다.

남 발레는 내 삶의 전부예요. 춤을 출 때면 어디에 있든지 천국에 있는 것 같아요.

여 열한 살의 발레 소년 피터 마두. 멋진 무용수가 되어서 무대 위에서 힘차게 날아오르는 모습을 기대해 봅니다.

 더 들어요

 056

여 오늘은 오랜만에 반가운 분 소식을 가지고 오셨다면서요?

남 네, 맞습니다. 차유리 씨 이야기인데요. 2년 전에 연예계 은퇴를 선언하고 제주도에 내려가 살고 있는 차유리 씨 소식이 화제입니다. 며칠 전 차유리 씨가 자신의 SNS에 사진 몇 장을 올렸는데요. 수수한 차림인데 신고 있는 구두를 강조한 사진들이었습니다. 이 구두는 사회적 기업에서 만든 구두로 청각 장애인이 직접 만들었다고 합니다. 차유리 씨는 연예계 은퇴를 하며 더 이상 상업적 광고에는 나오지 않겠다고 했는데요. 이번에는 자신이 먼저 모델을 하고 싶다고 제의했고 광고비로 구두 두 켤레만 받았다고 하네요. 차유리 씨의 따뜻한 마음 덕분인지 지금 이 브랜드의 구두 이름이 검색어 상위에 오르며 대중의 관심을 끌고 있습니다.

6과　문화 차이

 생각해 봐요

 061

여 하하. 진짜 웃긴다.

남 카밀라 씨, 지금 박수 치면서 웃는 거예요? 한국 사람 다 됐네요.

여 어? 그러네. 하하. 한국 사람 같았어요?

 들어 봐요

 062

남 아, 요즘 신입들이랑 친해지기 어렵네. 주말에 등산 가자고 했더니 다들 바쁘다네.

여 어휴, 부장님. 요즘 젊은 사람들은 등산 안 좋아해요. 그리고 직장 상사랑 누가 주말에 만나고 싶겠어요?

남 아니, 뭐. 나도 시간이 많아서 그런 거 아냐. 직장 생활 어려운 점이 뭔지 이야기도 들어 주고 도와줄 일 있으면 도와주려고 말을 꺼낸 건데, 참.

 들어요 1

063

1) 여 진수 말이야, 가끔 선배들한테 말을 놓더라.

남 선배들이랑 친하면 그럴 수도 있지, 뭐.

여 한두 살 차이는 그럴 수도 있는데 열 살 많은 선배한테도 그러니까….

2) 남 저 말, 지금 너한테 하는 소리야?

여 응? 아. 농담한 건데 뭐.

남 무슨 농담이 그래? 너무 무례한 거 아니야?

3) 여 얘는 왜 우리 메시지 읽었으면서 답을 안 해? 맨날 이러더라.

남 좀 더 기다려 보자. 곧 보내겠지.

여 얘 하나 때문에 모임 날짜도 못 정하고 있잖아. 이런 건 빨리빨리 답장을 해 줘야지.

남 바빠서 그런 거 아닐까? 나도 바쁘면 그럴 때 많아.

 들어요 2

064

남 선생님, 이것 좀 보세요. 저희 반 학생이 저보고 착하대요. 하하.

여 학생이요? 선생님이 착하시긴 하죠. 하하.

남 근데 이 착하다는 말이 전 왜 이렇게 이상하죠? 좋은 말인데.

여   한국 사람들은 윗사람한테 '착하다', '잘한다' 이런 말을 잘 안 하잖아요. 평가하는 것처럼 들리니까요. 근데, 선생님은 학생한테 그런 평가를 들었으니 이상한 거죠.

남   아, 그래서였구나. 그럼 그래서 이 말도 이상하게 들렸나 봐요. 학생들한테 쓰기 피드백을 해 주면, "선생님, 잘 고쳤네요"라고 하잖아요. 이 말도 저를 칭찬해 주는 건데 들으면 뭔가 기분이 안 좋거든요.

여   그랬을 거예요.

남   그럼 선생님, 한 가지만 더요. 학생들이 선생님한테 "같이 밥 먹읍시다" 하는 말도 이상한데, 이건 왜 이상한 거죠? 선생님은 학생들한테 어떻게 설명하세요?

여   음, 그건요. 말하는 사람이 먼저 결정을 다 하고, 윗사람한테 같이 하자고 하는 거라서 안 좋게 들리는 거 같아요. 그래서 학생들한테는, 윗사람이 결정할 수 있도록 "같이 식사 한번 하는 거 어떠세요?" 이렇게 쓰라고 알려 주죠.

남   역시. 선생님한테 설명을 들으니 명확해지는데요. 어휴, 저도 이렇게 어려운데 우리 학생들은 얼마나 어렵겠어요?

들어요 3

🎧 065

여1   나라마다 사용하는 제스처가 다르고 같은 제스처라도 의미가 달라서 오해가 생기는 경우가 많은데요. 오늘은 나라별 제스처에 대해 이야기 나눠 보겠습니다. 오늘도 각 나라를 대표해서 자리해 주셨습니다. 안녕하세요.

여2, 남1, 남2   안녕하세요.

여1   네, 오늘도 흥미로운 이야기 기대하겠습니다. 자, 첫 번째 제스처. 이 사진 한번 봐 주세요. 이렇게 손바닥이 아래쪽을 보게 하고 손가락 부분을 위아래로 까딱까딱하는 거, 이건 어떤 의미일까요?

남1   우리 나라에서는 멀리 있는 사람한테 오라고 할 때 이렇게 해요.

여1   아, 이탈리아도 한국이랑 같네요.

여2   이탈리아도 그래요? 러시아에서는 사람을 부를 때 그렇게 하면 큰일 나요. 그건 동물한테나 하는 거예요.

남1   그럼 사람을 부를 때는 어떻게 하는데요?

여2   우리는 반대로 손바닥이 위쪽을 보게 하고 이렇게 불러요.

여1   아, 조심해야겠네요. 자, 그럼 또 다른 제스처, 어떤 것이 있나요?

남2   그리스에 오신다면 조심해야 할 행동이 있는데요. 바로 이겁니다.

여1   어? 그건 'stop', '멈추세요!' 이런 의미 아닌가요?

여2   하이 파이브 아니에요?

남2   그리스에서 이렇게 손을 펴서 손바닥을 상대방에게 보이면 안 돼요. 아주 심한 욕이거든요.

남1   그래요? 우리는 '좀 참아', '진정해' 이런 의미인데. 와, 정말 다르네요.

더 들어요

🎧 066

여   12월 30일에 태어난 아이. 이틀 뒤 1월 1일이 되면 몇 살일까요? 영 살? 한 살? 두 살? 한국에서는 다 가능한데요. 나이를 세는 방법이 여러 가지가 있기 때문입니다. 한국 나이와 만 나이가 그것인데요. 먼저 한국 나이는 태어나자마자 한 살이 되고 그 다음에는 해가 바뀔 때마다 한 살씩 나이를 먹는 방법입니다. 그래서 12월 30일에 태어난 아이는 이틀 뒤 1월 1일이 되면 두 살이 되는 거죠. 그리고 만 나이는 세계적으로 통용되는 나이입니다. 태어났을 때는 영 살, 태어나서 첫 번째로 맞는 생일에 한 살이 되는 겁니다. 그래서 12월 30일에 태어난 아이는 다음 해 12월 30일이 되어야 한 살이 되는 거죠. 여러분은 어떤 나이로 살고 싶으신가요?

7과 발표와 보고

 생각해 봐요

 071

남1 지금 보시는 것이 지난달 제품 판매 자료인데요. 여기 표를 보시면 연령별로 선호하는 제품을 확인할 수 있습니다.

남2 그러네요. 그런데 혹시 남녀 성별로 비교한 자료도 볼 수 있을까요?

 들어 봐요

 072

여1 네, 여기까지 한국 대학생의 여가 생활에 대한 설문 조사 결과였습니다. 이어서 외국인 대학생의 여가 생활에 대한 조사 결과 발표는 문혜리 씨가 해 주시겠습니다.

여2 네, 문혜리입니다. 외국인 대학생의 여가 생활에 대해 앞의 조사 결과와 비교하면서 발표하겠습니다.

 들어요 1

 073

1) 여 심사를 할 때 가장 중요하게 보는 부분은 창의성입니다. 어디선가 들은 듯한 평범한 이야기는 기억에 남기 힘들죠. 글 자체는 뭔가 완성도가 떨어지고 부족해도 특색 있는, 자기만의 생각을 보여 주는 글을 선호합니다. 앞으로의 가능성을 보는 거죠.

2) 남 오늘 수상하신 모든 분들께 다시 한번 축하의 말씀을 드립니다. 그리고 세계한국어영상한마당에 참여해 주신 분들께 감사드립니다. 더불어 이 대회를 후원해 주시고 관심 가져 주신 관계 기관에도 감사드립니다. 이것으로 세계한국어영상한마당을 모두 마치겠습니다.

3) 여 먼저 참가 팀 모두 대회 기간 동안 훌륭한 작품

을 선보이시느라 수고 많으셨습니다. 이번 대회에서는 경연 종목마다 많은 참가 팀이 높은 수준의 요리 실력을 보여 주셨습니다. 특히 맛과 창의성 면에서 훌륭한 기량을 발휘해 깊은 인상을 받았습니다.

4) 남 너무 감사드립니다. 올해로 연기 생활한 지 이십 년이 되는데 처음으로 이런 큰 상을 받네요. 이번 역할은 그동안 해 보지 않은 새로운 역할이었습니다. 믿고 맡겨 주신 김종학 감독님, 이수연 작가님께 감사드립니다.

 들어요 2

 074

여 재미있는 발표 잘 들었습니다. 이름으로 문화를 이해한다는 소재가 신선했고, 몰랐던 정보도 알게 됐습니다. 화가 피카소의 이름이 그렇게 긴 줄 몰랐네요. 발표 내용도 재미있었지만 전달력이 뛰어나서 집중해서 들었습니다. 서양인이 이름을 짓는 법, 이름에 담겨 있는 의미 등을 설명할 때 역사적 자료는 물론 소설과 영화 등에 나온 사례도 적절히 소개해서 발표가 훨씬 흥미로웠습니다. 자료 준비하시느라 애 많이 쓰신 것 같고 그 부분 크게 칭찬해 주고 싶어요. 한 가지 아쉬웠던 점을 들면, 발표한 학생 본인이 서유럽 역사에 관심이 많아서 서양 이름에 대해서만 소개를 했는데, 우리가 속해 있는 한국 또는 동양의 이름도 소개했으면 좋았을 것 같습니다. 앞으로 이쪽으로도 연구 범위를 넓혀 보면 어떨까 제안해 봅니다.

 들어요 3

075

남 오늘은 미리 공지한 대로 답사 발표를 하겠습니다. 1조부터 시작할까요?

여 네. 1조 발표 시작하겠습니다. 저희 1조는 '시민들을 위한 편의 시설' 답사를 맡았는데요. 여러 편의 시설 중 '지식과 휴식을 얻는 공간, 도서관'을 찾아가

봤습니다. 저희 조원은 경영학과 1학년 구준열, 그리고 저, 건축학과 2학년 정새롬입니다. 크고 작은 도서관이 우리 주위에 많이 있는데요. 그중 저희가 찾은 곳은 경기도 고양시에 위치하고 있는 미래로 도서관입니다. 지난달 29일 오전에 방문했습니다. 미래로 도서관은 작년 5월에 개관을 했는데 지상 3층, 지하 1층이며 25만여 권의 도서가 소장돼 있습니다. 이 규모는 전국의 공공 도서관 가운데에서 다섯 번째로 크다고 합니다. 무엇보다 이 도서관의 큰 장점은 예술적인 공간 구성입니다. 문을 열고 들어서면 우선 넓은 공간이 눈에 들어오는데, 3층까지 하나로 연결되어 시원한 개방감을 줍니다. 또 이 사진을 보시면 아시겠지만 도서 종류에 따라 진열 방식을 달리 해서 도서관이라기보다 아름다운 미술관에 와 있는 듯한 기분이 들었습니다. 한 가지 더, 1층의 어린이 도서관이 인상적이었는데요. 도서관에서는 조용히 해야 한다는 고정 관념을 깨고 아이들이 자유롭게 뛰어다니고 소리 내어 책을 읽을 수 있도록 했습니다.

 더 들어요

🎧 076

여 네, 여기까지가 저희가 지금까지 연구한 내용입니다. 이 자리에 참석하신 여러 전문가 여러분의 의견을 충분히 듣고 이를 반영하여 최종 연구로 완성하도록 하겠습니다. 오늘 나눠 드린 자료는 연구회 홈페이지에서도 다운로드받을 수 있으니 오늘 이후에라도 보시고 추가 의견을 주시면 연구의 마무리에 큰 도움이 될 것 같습니다. 감사합니다.

8과 건강 관리

💡 **생각해 봐요**

🎧 081

여 어디 가? 또 운동하러 가?

남 응. 누나도 갈래?

여 난 어깨도 아프고 허리도 아파서 집에서 쉴래.

남 평소에 운동을 너무 안 해서 그런 거야. 같이 가자.

 들어 봐요

🎧 082

여 환자들에게 잔소리가 많기로 유명하신데요. 보통 어떤 이야기를 하시나요?

남 잔소리라기보다는 건강을 위한 조언인데요. 운동할 것, 자외선 차단제를 바를 것, 정기적으로 건강 검진을 받을 것. 항상 이렇게 딱 세 가지만 강조합니다.

 들어요 1

🎧 083

1) 남 한국 대학교 연구팀이 청소년을 대상으로 수면 만족도를 조사했습니다. 평소 잠을 충분히 잔다고 느끼냐는 질문에 응답자의 32%가 그렇지 않다고 대답했습니다.

2) 여 우리 국민의 탄산음료 섭취량은 증가세를 보였으며 과일과 채소 섭취량은 지난 조사와 비슷했습니다. 그러나 20대의 경우 다른 연령에 비해 과일과 채소를 적게 섭취하고 탄산음료는 많이 섭취하는 것으로 드러났습니다.

3) 남 국민 건강 조사 결과, 고등학생의 50%가 운동 부족인 것으로 밝혀졌습니다. 대학생 역시 고등학생과 마찬가지로 응답자의 절반이 운동을 거의 하지 않는다고 답했습니다.

4) 여 한 달에 한 번 이상 술을 마신 적이 있는 사람의 비율이 전년에 비해 늘었습니다. 성별로 살펴보면 성인 남성 2명 중 1명이, 여성 4명 중 1명이 한 달에 한 번 이상 음주를 한 것으로 나타났습니다.

🎧 084

여   네, 다음 질문입니다. "저희 어머니는 고기를 먹을 때마다 탄 음식을 먹으면 암에 걸린다고 탄 부분을 잘라 내고 드시는데요. 저는 조금 타야 더 맛있는 것 같아서 그게 너무 아깝거든요. 정말로 탄 음식이 암을 일으키나요?"라고 보내셨네요.

남   네, 여러분 모두 이런 얘기 많이 들어 보셨을 텐데요. 탄 고기에 암을 유발하는 물질이 들어 있기는 합니다. 그런데 암에 걸리는 정도라면 엄청나게 많은 양을 먹었을 때의 이야기라서 크게 걱정하지 않으셔도 됩니다.

여   그렇군요. 실제로 우리가 탄 고기만을 엄청나게 많이 먹지는 않으니까요.

남   재미 삼아 계산해 본 결과 1,000인분 이상 먹어야 건강에 안 좋은 영향을 미친다고 합니다.

여   아이고, 그렇게 많이요?

남   네. 그런데 중요한 건 이 암의 원인이 되는 물질이 고기의 탄 부분에만 있는 게 아니라 고기를 구울 때 나오는 연기에도 있고요. 또 고기 섭취 자체가 암을 일으킬 수도 있습니다. 그래서 고기를 자주 먹는데 태워서 먹기까지 하면 암 발생 가능성이 더 커지게 되는 거죠. 사실 우리는 생활하면서 알게 모르게 몸에 안 좋은 물질을 섭취하게 됩니다. 요즘 공기 안 좋잖아요. 자동차 배기가스에도 이 물질이 포함되어 있고, 뭐 담배 연기에는 고기와 비교도 안 될 만큼 많이 들어 있어요. 이렇게 여기저기에 몸에 해로운 물질이 많으니까 피할 수 있는 건 피하자, 가능하면 먹지 말자, 이런 말이 나오는 것 같습니다.

🎧 085

남1   컴퓨터나 스마트폰, 오랫동안 사용하시죠? 이 때문에 병원을 찾는 경우가 늘고 있다고 합니다.

여   네. 디지털 질병 때문인데요. 우리나라 국민 다섯 명 가운데 한 명이 앓고 있다고 합니다. 증상은 다

양합니다. 눈높이보다 낮은 화면을 오랫동안 쳐다보게 되면 거북이처럼 목이 구부러져 통증을 일으키게 되는 '거북목 증후군'이 있고요. 눈을 깜빡이지 않고 화면을 오랫동안 봐서 눈이 건조해지는 '안구 건조증'도 여기에 포함됩니다. 또 잘못된 자세로 오래 앉아 있기 때문에 어깨와 허리, 목 등에 통증을 느끼기도 합니다.

남1   그렇다고 영상 기기를 사용하지 않을 수는 없을 텐데요.

여   네, 그렇죠. 그래서 전문가들은 장시간 사용을 피하고, 오래 사용해야 한다면 올바른 자세를 유지하고 수시로 휴식을 취하면서 사용하라고 합니다. 한국대 병원 김건욱 교수님의 말씀을 들어 보시죠.

남2   눈에 피로감이 들지 않더라도 한 시간에 한 번씩은 눈을 쉬게 해 줘야 합니다. 50분 사용했다면 적어도 10분 정도는 멀리 쳐다보거나 눈을 감아 눈의 피로를 풀어 주는 게 좋고요. 또 화면과의 거리를 50cm 이상 유지하고 화면을 자신의 눈높이에 맞춰서 쳐다봐야 합니다.

여   바른 자세로 사용하다가도 집중하다 보면 어느새 몸을 화면 가까이로 점점 숙이게 되는데요. 한 연구 결과에 따르면 5분이 지나면 자세가 흐트러지기 시작한다고 합니다. 5분마다 자신의 자세가 어떤지 살펴보고 자세를 바르게 하는 것도 중요할 것 같습니다.

🎧 086

여   '오늘의 3분 운동' 시간입니다. 오늘은 직장인들을 위한 동작입니다. 여러분도 한번 따라 해 보세요. 첫 번째 동작은 목 근육을 풀어 주는 동작인데요. 먼저 온몸의 긴장을 푸시고요. 그 다음 두 손으로 머리의 뒤를 잡고 고개가 바닥을 향하도록 누릅니다. 10초 버티세요. 자, 다음 동작은 어깨를 풀어 주는 동작입니다. 먼저 왼손을 허리 뒤에 둡니다. 오른손을 왼쪽 귀 위쪽에 올리고 고개를 옆으로 당겨서 누릅니다. 10초간 유지합니다. 반대쪽도 똑같이

10초간 합니다. 마지막 동작은 목과 등을 풀어 주는 동작입니다. 양손을 모으고 엄지손가락 끝을 턱 밑에 댑니다. 손가락 끝에 힘을 주어 머리를 뒤로 밀어 줍니다. 이 동작들을 하루에 세 번, 한 번에 10회 이상씩 꾸준히 해 보세요.

9과 동물

생각해 봐요

091

여　아주 큰 동물이야.

남　고래?

여　아니. 땅에서 살아.

남　공룡.

여　아니. 살아 있는 동물이고. 아, 코가 길어.

들어 봐요

092

남　자, 이제 거대 동물을 보러 가 보실까요? 왼쪽을 보십시오. 거대한 코끼리가 등장했어요. 아프리카코끼리입니다. 저 친구 몸무게가 무려 5,500kg입니다. 하루에 100kg 이상을 먹지요. 올해 나이 스물아홉 살입니다.

들어요 1

093

1)　여　이 낙타는 전에 봤던 낙타랑 다르네요. 등에 혹이 두 개예요.

　　남　네. 혹이 한 개 있는 낙타가 전체의 90%를 차지할 정도로 많고요. 몸집도 훨씬 크죠. 이건 혹이 두 개 있다고 해서 쌍봉낙타라고 부릅니다.

2)　여　남극 대륙에 사는 대표적인 동물이 펭귄인데요. 남극과 북극이 모두 추운 지역인데 왜 펭귄은 남극에는 살지만 북극에는 없을까요?

남　진짜 그러네요. 먹이가 남극에 많은 걸까요?

여　그렇기도 하지만 북극에는 펭귄을 위협하는 다른 동물들도 많이 있기 때문에 생활하기 힘든 점이 많죠.

3)　여　디즈니 만화 영화 〈니모를 찾아서〉로 잘 알려진 물고기의 이름은 흰동가리입니다. 흰동가리는 여러 마리가 무리를 지어 생활하는데요. 이 중에서 암컷은 단 한 마리입니다. 특이하게도 암컷이 죽으면 수컷 중 한 마리가 암컷으로 성을 바꾸는데요. 이 암컷이 알을 낳고 기른다고 합니다.

들어요 2

094

남　여기서 질문을 하나 드리겠습니다. 다들 〈토끼와 거북이〉 동화 아실 텐데요. 이 동화의 주인공인 토끼와 거북이는 어느 동물에 해당할까요? 맞습니다. 토끼는 조금 전에 설명한 포유류의 특징을 다 가지고 있지요. 육지에서 생활하고 새끼를 낳아 기르고, 폐로 숨을 쉽니다. 그럼 거북이는요? 아, 네. 이번에는 거북이가 속한 동물의 종류, 파충류에 대해 설명하겠습니다. 파충류는 포유류와 공통된 점도 있고 그렇지 않은 점도 있습니다. 먼저 공통점은 육지에서 생활하고 폐로 숨을 쉰다는 거죠. 그런데 파충류는 새끼를 낳는 것이 아닌 알을 낳아서 번식합니다. 온몸이 단단한 비늘로 덮여 있는 것도 파충류의 특징입니다. 대표적인 동물로는 지금 소개한 거북이 있고요. 공룡, 물론 지금은 볼 수 없지만요. 그리고 악어, 뱀 등이 해당됩니다. 이 동물들은 기온에 따라 몸의 체온이 바뀌는데, 이것도 포유류와 다른 점입니다.

들어요 3

095

남　졸린 듯한 표정에 어슬렁어슬렁 움직이는 이 동물. 지구상에서 가장 느린 동물 중의 하나인 나무늘보입니다. 사람이 한 걸음이면 갈 수 있는 거리 1미터를 이동하는 데 25초나 걸리는 이 느림보 동물. 오늘은 나무늘보에 대해 알아보겠습니다. 나무늘보는 아메리카대륙 중남부에 주로 서식합니다. 하루 종일 나무에 매달려 있다가 일주일에 한 번 배변 활동을 위해 땅으로 내려옵니다. 나무늘보는 두 종류가 있는데요. '두발가락나무늘보'와 '세발가락나무늘보'가 그 녀석들이죠. 이 녀석들의 뒷발가락은 세 개로 동일합니다. 하지만 앞발가락 개수가 달라서 두 녀석을 구분할 수 있습니다. 둘 중에는 어떤 녀석이 더 게으르고 느릴까요? 정답은 '세발가락나무늘보'입니다. 그래서 영화나 애니메이션에서 볼 수 있는 정말 느린 나무늘보는 바로 이 '세발가락나무늘보'입니다. '두발가락나무늘보'는 '세발가락나무늘보'보다 조금 더 부지런한데요. 생활 영역이 더 넓고 더 많이 움직입니다. 그리고 '두발가락나무늘보'는 나뭇잎이나 열매, 곤충이나 작은 도마뱀까지 잡아먹는 잡식성이지만 '세발가락나무늘보'는 아주 적은 양의 나뭇잎이나 열매만 먹는 초식 동물입니다.

 더 들어요

🎧 096

1) 여1 자, 이제부터 동물 맞히기 스무고개를 할 거예요. 한 사람이 동물 하나를 생각하면 다른 사람들이 질문을 해서 어떤 동물인지 맞히는 거예요. 처음에는 연습 게임으로 제가 어떻게 하는지 보여 줄게요. 자, 질문하세요.

남1 음. 어떻게 생겼습니까?

여1 아, 이 게임은 '네' 아니면 '아니요'로만 답할 수 있어요. 그러니까 질문도 그렇게 해 주세요.

여2 포유동물입니까?

여1 네, 맞습니다.

여2 육식 동물입니까?

여1 아닙니다.

남1 몸집이 큽니까?

여1 네, 크고 깁니다.

남2 몸이 길다고? 뱀입니까?

여2 포유류라고 했잖아. 뱀은 포유류가 아니고.

남1 아, 나 알겠다. 뿔이 있지요?

여1 네, 맞습니다. 정답은?

2) 여1 그럼 이번에는 사람을 바꿔서 해 볼까요? 정답을 태현 씨가 맞혔으니까 이번에는 태현 씨가 문제를 생각하세요.

남1 네, 준비됐습니다.

여1 포유동물입니까?

남1 아닙니다.

여2 그럼 조류입니까?

남1 어, 네. 맞습니다.

남1 몸집이 큽니까?

남1 아니요. 음, 이만 합니다. 한 20cm 정도.

남2 이만 한 새가 뭐가 있지? 우리 사는 주위에서 볼 수 있습니까?

남1 네, 볼 수 있습니다. 이 근처에도 많이 있고, 공원에도 있고.

여1 알겠다. 여러분도 알겠어요? 어떤 동물인지?

10과 사건·사고

 생각해 봐요

🎧 101

여 여기 무슨 일 났어요?

남 네. 좀 전에 이 옆에서 화재가 났습니다.

여 그래요? 그럼 이쪽으로 못 가는 거예요?

남 네. 지금은 현장 정리 중이니까 저쪽 길로 돌아가세요.

 들어 봐요

🎧 102

남 승객 여러분, 현재 인천 상공에 불고 있는 강풍의 영향으로 기류가 불안정하여 착륙이 지연되고 있습니다. 저희 비행기는 인천 상공을 천천히 한 바퀴 돌고 있습니다. 좌석 벨트를 매셨는지 다시 한번 확인해 주십시오. 기류가 안정되는 대로 착륙을 시도할 예정이오니 자리에서 일어나지 마시고 기다려 주시기 바랍니다.

🎧 들어요 1

1) 남 네, 말씀하세요.
   여 119죠? 여기 남산 터널인데요. 자동차 추돌 사고가 났어요. 빨리 좀 와 주세요. 사람도 많이 다친 것 같아요.
2) 여 긴급 신고 112입니다.
   남 여기 싸움이 났어요. 아저씨 둘이 서로 때리고 소리 지르고 난리가 났어요.
3) 여 119입니다.
   남 여기 강서구 한영 아파트인데요. 지금 저희 앞 동에 불이 났어요. 연기도 많이 나고 뭐가 '펑' 하고 터지는 소리도 들렸어요.
4) 남 네, 말씀하세요.
   여 여기 신사동인데요. 누가 제 차를 훔쳐갔어요. 잠깐 커피 사려고 카페에 들어갔다가 나왔는데 그 사이에 가져간 거 같아요.
   남 신고자 분, 우선 정확한 위치 좀 말씀해 주세요.

🎧 들어요 2

여 다음은 미국 하와이에서 실종됐던 여성이 17일 만에 무사히 구조됐다는 소식입니다. 지난 8일 35세 미국인 여성 A 씨는 하와이 북쪽 숲에서 산책을 하다가 길을 잃었는데요. 휴대 전화나 물통 등 필요한 물품을 모두 차에 두고 나와 외부로 연락을 할 수 없었다고 합니다. 밤이면 야생 동물이 살던 굴속에서 추위를 견디고, 딸기나 벌레를 먹으며 17일이란 긴 시간을 버텼습니다. A 씨는 지난 25일 수색하던 구조 헬리콥터에 의해 발견되었는데요. 다리 등에 상처를 입었지만 생명에는 지장이 없는 상태라고 합니다.

🎧 들어요 3

여 조금 전에 가장 인기가 많았던 시기가 3집 앨범 나왔을 때라고 하셨는데. 근데 그때 큰일을 겪으셨지요?
남 네. 교통사고가 크게 나서 거의 죽을 뻔했죠.
여 맞아요. 그때 뉴스에서 크게 보도됐던 거 기억나요. 어쩌다가 사고가 났어요?
남 공연 끝난 후 집에 가는 중이었는데요. 제 매니저가 운전을 하고 저는 뒷자리에 앉아서 가고 있었어요. 근데 옆에서 달리던 차가 갑자기 우리 차 오른쪽을 친 거예요. 음주 운전이라고 하더라고요.
여 많이 다치셨던 걸로 기억하는데. 그래서 활동도 오래 쉬셨잖아요.
남 네. 심하게 다쳤죠. 사고 나고 이틀 동안 의식이 없어서 다들 제가 깨어나기 어려울 거라고 생각했대요. 아무튼 다행히 깨어나기는 했는데 그 후로 수술도 여러 번 하고 병원에도 다섯 달이나 입원해 있었어요.
여 그러셨구나. 그래도 이제 다 회복하신 거죠?
남 네. 이제 건강합니다. 어쩌면 사고 나기 전보다 지금이 더 건강하고 행복한 것 같아요. 사고 순간은 아직도 잘 기억이 안 나요. 근데 나중에 병원에 누워 있으면서 많은 생각을 했어요. 살아 있는 게 너무 감사했고, '앞으로는 내가 정말 하고 싶은 일을 하면서 살아야겠다. 인기도 좋지만 좀 더 여유를 갖고 살아야겠다' 이런 생각을 많이 했죠. 그래서 사고 이후에는 스케줄도 좀 줄이고 하루하루 행복하게 살려고 노력하고 있어요.

🎧 더 들어요

남 이번 태풍이 지금까지 수도권에 온 태풍 가운데 가장 강한 태풍이라고 하는데요. 그만큼 철저한 대비가 필요하겠습니다. 손서영 기자가 보도합니다.
여 네. 이번 태풍은 특히 바람의 세기가 강한 것이 특징입니다. 초속 30m, 시속으로는 108km의 강풍이 예상됩니다. 바람은 초속 25m만 되어도 지붕이 날아가고, 초속 30m가 넘으면 큰 나무도 쓰러집니다. 따라서 강풍의 피해를 줄이기 위해서는 흔들려 떨어질 수 있는 외부의 물건은 미리 점검하고 외출을 자제하는 것이 좋습니다. 또한 강풍으로 인한 유리창 파손을 막기 위해서 유리창을 단단하게 테이프로 고정해서 흔들리지 않도록 해야 합니다. 지하 터널은 비로 인해 침수될 위험이 있으니 통행을 하지 않는 것이 좋습니다.

11과 기후와 환경

 생각해 봐요

111

여1 언니, 이거 괜찮지? 가볍고 모양도 예쁘다.

여2 집에 에코백 많이 있잖아. 또 사려고?

여1 에코백이 환경에 도움이 된다고 하잖아.

여2 그거야 한두 개 사서 평생 써야 그렇지. 쓰지도 않으면서 이렇게 사고 버리면 환경에는 더 안 좋겠다.

 들어 봐요

112

여 여기에는 어떻게 나오시게 됐어요?

남 환경도 지키고 건강도 지킬 수 있는 좋은 행사가 있다고 해서 참여하게 됐습니다.

여 구체적으로 어떤 일을 하는 건가요?

남 간단합니다. 보시는 것처럼 걷거나 달리면서 눈에 보이는 쓰레기를 줍기만 하면 됩니다.

들어요 1

113

1) 여 내일은 갑자기 기온이 뚝 떨어진다면서요?

남 네. 서울을 포함한 전국에 한파 특보가 내려졌습니다. 10월에 한파 주의보가 내려진 것은 60년 만인데요. 내일 아침 기온이 0도까지 떨어진다고 하니 건강 관리에 주의하셔야겠습니다.

2) 여 비가 오지 않는 지역으로 유명한 아라비아반도에 폭우가 내렸습니다. 24시간 동안 내린 비의 양은 3년 동안의 강우량에 해당하는 것이었습니다. 이 비로 열 명 이상이 목숨을 잃었습니다.

3) 여 지난주 폭발한 화산으로 화산재와 용암 피해가 계속되고 있습니다. 특히 뜨거운 용암은 마치 쓰나미처럼 흘러나와 축구장 950개에 해당하는 지역을 뒤덮고 있습니다.

들어요 2

114

남 이제 만날 분은 지구가 참 좋아할 것 같은데요. 《지구와 함께》란 책을 쓰신 환경 운동가 정소민 씨입니다. 안녕하세요?

여 안녕하세요?

남 저도 책을 읽어 봤는데요. 환경이라고 해서 좀 무거울 거라 생각했는데, 재미있게 잘 읽었습니다. 원래 환경에 관심이 많으셨어요?

여 그건 아니고요. 전공은 패션 분야라서 대학 다닐 때만 해도 전혀 관심 없이 살았어요. 어느 날 우연히 환경 관련 다큐멘터리를 보게 됐는데, 그걸 보고 이렇게 살면 안 되겠다. 내가 실천할 수 있는 작은 일부터 해 보자, 마음먹고 시작한 거예요.

남 그러셨군요. 그럼 평소에 환경을 위해 실천하는 일은 어떤 일들이에요?

여 평소에 챙겨 다니는 게 많은데요. 먼저 손수건은 꼭 가지고 다닙니다. 그리고 제 가방을 보면 여러 가지가 들어 있는데요. 텀블러가 있고요. 개인 식기, 숟가락, 젓가락 세트를 가지고 다닙니다.

남 수저를 가지고 다니신다고요?

여 네. 식당에서 식기를 제공할 때는 당연히 그걸 쓰는데 혹시 일회용 숟가락이나 젓가락을 써야 하는 경우라면 미리 준비해 간 개인 수저를 사용합니다.

남 그렇군요. 근데 이게 혼자 있을 때는 괜찮은데 다른 분과 있을 때는 '너무 예민한 거 아냐?' 식의 반응은 없으셨어요?

여 그런 눈치를 주기보다는 자기도 해야 하는데 잘 안 된다고 미안해하시는 분이 더 많았어요. 응원해 주시는 분도 많고요.

남 다행입니다. 저야말로 응원만 할 게 아니라 지금부터라도 참여해 봐야겠습니다.

🎧 들어요 3

남 앞서 살펴본 것처럼 기후 위기는 남의 나라 이야기가 아닌 우리의 삶, 우리 세대에 바로 영향을 미치고 있는데요. 문제를 바라만 보지 말고 이제 해결을 위한 행동이 필요할 것 같습니다. 환경 교육도 그 해답이 될 수 있을 것 같은데요. 우리 초중등학교에서도 환경 교육을 하고 있지요?

여 네, 그렇습니다. 초등학교의 경우에는 필수 과목은 아니지만 다른 과목을 가르칠 때 환경 관련 내용을 포함해서 다루고 있고요. 중학교, 고등학교의 경우에는 선택 교과목으로 교육하고 있습니다.

남 필수 과목도 아닌 선택 과목이면 교육 효과는 크지 않을 것 같은데, 학교 교육 외에 다른 환경 교육 방법이 필요할 것 같습니다.

여 맞습니다. 그래서 저희는 환경 교육을 학교 교육으로만 제한하지 않고 환경에 영향을 받는 모든 이들을 대상으로 하고 있고요. 정기적으로 기업체나 지역 시민 대상 교육도 진행하고 있습니다. 무엇보다 환경 교육의 목표를 쓰레기 분리수거를 잘하고 에너지를 절약하는 등의 행동 변화로 생각하는 분들이 많은데요. 그보다는 환경에 대한 관심과 이해를 높이는 데 두고 있습니다. 환경과 나와의 관계를 이해하고, 우리 삶에서 환경이 얼마나 다양하게 연결되어 있는지 이해하면 행동과 태도의 변화는 자연히 따라오게 되니까요.

🎧 더 들어요

남 지구상에서 가장 큰 동물 고래. 하지만 이들을 가장 크게 위협하는 것은 아주 작은 플라스틱입니다. 만드는 데 5초, 사용하는 데 5분, 그러나 썩어서 사라지는 데는 500년이 걸리는 플라스틱이 바다로 흘러 들어가 이 거대한 생물을 죽음으로 몰고 있습니다. 잠깐의 편리함을 위해 선택한 일회용 플라스틱이 이 경이로운 생물보다 중요할까요? 이제 바뀌어야 합니다. 일회용품 사용을 줄여 주세요. 일회용품 생산을 줄이도록 목소리를 내 주세요. 일회용품 플라스틱 생산과 사용에 반대하는 전 세계적인 움직임에 함께해 주세요. 우리의 바다와 바다 생물을 지키는 데 여러분의 도움이 필요합니다.

12과 사회 변화

💡 생각해 봐요

여 김 기자, 지난달 소비자 물가가 1년 전보다 2.4%가 올랐네요.

남 네. 그중에서도 특히 달걀, 우유 등 식재료 가격의 상승 폭이 큰데요. 식재료 가격이 오르면서 외식 물가와 개인 서비스 가격도 오르고 있습니다.

🎧 들어 봐요

남 오늘은 채식주의에 대한 이야기입니다. 주위에서도 채식에 관심이 많던데요.

여 네. 최근 보도 자료에 따르면 국내 채식 인구가 150만 명에 육박할 정도라고 합니다. 2015년에는 몇 천 명 정도였는데 굉장히 많이 늘어난 거죠.

들어요 1

1 여 취업자 수가 1년 전보다 50만 명 가까이 줄어 감소 추세가 계속되고 있습니다.

2 남 65세 이상 인구가 2050년이 되면 전체 인구의 16%까지 늘어날 것으로 보입니다.

3 여 최근 배달 서비스 이용이 증가하면서 이것이 쓰레기 배출량에 영향을 준 것으로 보입니다.

4 남 연령이 낮을수록 결혼 후 자녀가 필요하다고 생각하는 사람의 비중이 높았습니다.

들어요 2

남 두 개 이상의 직업을 가진 이른바 '투잡족(two jobs)'이 증가하고 있습니다. 조사 결과 직장인의 17%가 직장 생활과 아르바이트를 병행하는 것으로 나타났습니다. 특히 30대 직장인은 다섯 명 중 한 명인 21%가 직장 일과 아르바이트를 병행한다고 답해 가장 많았고 20대는 15.4%, 40대 이상은 13.7%로 나타났습니다. 조사 대상을 결혼 여부로 나누어 조사한 결과 미혼 직장인이 18.1%, 기혼 직장인이 13.8%로 결혼을 하지 않은 직장인이 아르바이트를 더 많이 하는 것으로 나타났습니다. 또한 성별에 따라 살펴보면 여성보다는 남성 직장인의 투잡 비율이 높았습니다. 두 가지 일을 하는 가장 큰 이유는 '수입을 늘리기 위해'였으며 '퇴근 후 또는 주말 등 여유 시간을 보람 있게 보내기 위해', '하고 싶었던 일을 경험해 보기 위해'라는 응답이 그 뒤를 이었습니다.

들어요 3

남 사회가 달라짐에 따라 사람들의 식습관도 눈에 띄게 변화하고 있습니다. 장유경 기자의 보도입니다.

여 '한국 사람은 밥심'이라는 말, 많이 들어 보셨을 것

입니다. 하지만 이 말은 현실을 반영하지 못해 무색해진 지 오래입니다. 식생활이 다양해지고 건강을 위해 탄수화물을 줄이는 다이어트까지 유행하기 시작하면서 쌀 소비량이 큰 폭으로 줄었기 때문입니다. 1인당 연간 쌀 소비량은 매년 감소하다가 지난해에는 1980년대의 절반 수준으로 떨어졌습니다. 반면 식습관의 변화로 1인당 육류 소비량은 매년 증가 추세를 보이고 있습니다. 80년대에 비해 다섯 배 이상 늘었는데 특히 닭고기 소비량이 일곱 배로 가장 높은 증가율을 보였습니다. 또한 1인 가구가 증가하면서 집에서 손쉽게 먹을 수 있는 가정 간편식이 인기를 끌고 있습니다. 특히 건강을 중요시하는 분위기에 따라 샐러드와 과일 등을 간편하게 먹을 수 있게 만든 제품이 인기입니다. 이러한 제품의 매출액은 5년 전에 비해 60% 가까이 늘었습니다. 사회의 변화가 먹거리 소비에도 영향을 미치고 있습니다. STV 장유경이었습니다.

더 들어요

여 사회부 홍승안 기자 나와 있습니다. 홍 기자, 최근 혼자 살기를 원해서 독립을 선택한 자발적인 1인 가구의 비중이 점점 늘어나고 있다고요?

남 네. 이전까지는 이혼이나 사별로, 또는 학교나 직장 때문에 어쩔 수 없이 혼자 살게 된 1인 가구가 많았는데요. 이번 조사 결과를 보면 혼자 사는 게 편해서, 독립하고 싶어서 등 자발적으로 혼자 살기 시작했다는 사람이 많아지고 있습니다.

여 그렇게 자발적으로 혼자 사는 삶을 선택한 경우, 실제 만족도는 어땠습니까?

남 10명 중의 6명은 만족하고 있었습니다. 특히 마음 편히 살 자신의 집이 있는 경우 만족도가 매우 높았습니다. 그렇지만 건강과 안전에 대한 걱정도 함께 증가했습니다. 이전 조사 결과와 비교해 보면 경제 상황에 대한 걱정은 과거에 비해 적어졌지만 건강과 안전에 대한 걱정은 커졌습니다. 앞으로 계속 1인 가구로 남을 것이냐는 질문에 63%가 그렇

다고 답해 앞으로도 1인 가구의 수는 증가할 것으로 전망됩니다.

13과 라디오 방송

 들어요 1

🎧 131

1) 여 오늘의 퀴즈입니다. 오늘 5월 31일은 담배 연기 없는 사회를 만들기 위해 지정한 세계 이것의 날입니다. 담배를 끊는 것, 담배를 피우던 사람이 의식적으로 담배를 피우지 않는 것, 이것입니다. 초성 힌트는 ㄱ, ㅇ입니다.

2) 여 오늘의 퀴즈 풀어 볼까요? 에어컨과 함께 대표적인 여름 가전제품이죠. 버튼을 누르면 날개가 돌아가서 시원한 바람을 불러일으키는 이것은 무엇일까요? 큰 것도 있고 작은 것도 있죠. 정답의 초성은 ㅅ, ㅍ, ㄱ입니다.

3) 여 오늘의 퀴즈는요. 이 문제 준비했어요. 날씨가 쌀쌀해지면서 요즘 벌써 이것이 많이 보이더라고요. 떨어진 나뭇잎. 말라서 떨어진 나뭇잎을 가리키는 이 말, 무엇일까요? 추운 계절에 나무가 살기 위해 환경에 적응하느라 생기는 거죠. 정답 초성 ㄴ, ㅇ입니다.

 들어요 2

🎧 132

여 안녕하세요? 아나운서 홍세진입니다. 새해 처음으로 인사드리네요. 청취자 여러분 모두 새해 복 많이 받으십시오. 여러분은 새해 어떤 계획과 소망을 가지고 계신지요? 금주, 금연, 다이어트나 외국어 공부 다양할 겁니다. 벌써 슬슬 작심삼일로 돌아간 건 아닌지 모르겠어요. 헌데 다행인 건요. 새해 계획을 지키겠다는 결심만으로도 아무런 다짐을 하지 않은 사람보다 열 배 이상 목표를 실현할 확률이 높다는 연구 결과가 있더라고요. 달성률을 높이는 방법도 소개되었는데, 연구 결과 '뭐뭐 할 것', '뭐뭐를 시작할 것'과 같이 긍정형으로 말한 그룹이 '그만둘 것', '하지 않을 것'과 같이 부정형으로 말한 그룹보다 목표 달성률이 높았다고 합니다. 예를 들면 '밤늦게 먹지 않기'보다 '하루 만 보 걷기 시작' 이런 목표가 성공 확률이 높을 수 있다는 거겠죠. 일상에서만큼은 긍정적이고 능동적으로 새해를 시작하시면 좋겠네요.

 들어요 3

🎧 133

여1 한여름 극장가에는 공포 영화가 속속 개봉하고 있는데요. 영화를 보고는 싶지만 언제 무서운 장면이 나올까 두려워하는 사람들을 위해, 새로운 유형의 상영관이 등장했습니다. 최일우 기자입니다.

남1 영화가 시작하려고 하자 완전히 꺼져야 할 극장의 조명이 켜집니다. 영화가 '무섭다'는 입소문을 타면서 영화관에서 준비한 '겁쟁이들을 위한 상영회'입니다. 조금이라도 덜 무섭게 영화를 보기 위해 조명도 켜고, 귀를 막을 수 있는 귀마개도 준비됐습니다. 약간은 안심이 될까, 커다란 인형을 끌어안기도 합니다. 불을 켠 채로 본 소감이 어땠을까. 영화가 끝난 뒤 관객에 물었습니다.

여2 전에 극장에서 공포 영화를 볼 땐 무서워서 대부분 눈을 감고 보느라 제대로 못 봤거든요. 이번에는 오히려 영화에 더 잘 집중했던….

남2 옆에 친구 얼굴도 보이고 해서 괜찮을 줄 알았는데, 똑같이 무서웠어요.

남1 겁쟁이 영화관, 영화관의 새로운 시도를 즐겨 보시기 바랍니다.

고려대
재미있는
한국어

듣기 Listening

초판 발행 1쇄	2021년 12월 10일
지은이	고려대학교 한국어센터
펴낸곳	고려대학교출판문화원
	www.kupress.com
	kupress@korea.ac.kr
	02841 서울특별시 성북구 안암로 145
	Tel 02-3290-4230, 4232
	Fax 02-923-6311
유통	한글파크
	www.sisabooks.com/hangeul
	book_korean@sisadream.com
	03017 서울시 종로구 자하문로 300 시사빌딩
	Tel 1588-1582
	Fax 0502-989-9592
일러스트	황인옥, 황주리
편집디자인	한글파크
찍은곳	(주)동화인쇄
ISBN	979-11-90205-00-9 (세트)
	979-11-91161-15-1 04710

값 12,000원
※ 잘못 만들어진 책은 바꿔 드립니다.